U0910804

守护绿水青山

中国石化生态文明建设实践

中国石化能源管理与环境保护部
中国石化党组宣传部
编写

中国石化出版社

内 容 提 要

本书概要描述了中国石油化工集团有限公司遵照党中央、国务院的战略部署，践行习近平生态文明思想，贯彻绿色、低碳、可持续发展理念，积极推进生态文明建设的历程及取得的成效。重点诠叙了中国石化在保障清洁能源供给，加强污染防治、生态保护修复、低碳节能减排、强化科技进步和履行社会责任等方面取得的进展和典型实践。

本书图文并茂，内容可读性强，可供石油石化从业人员阅读，亦可作为其他行业相关人员参考用书。

图书在版编目（CIP）数据

守护绿水青山：中国石化生态文明建设实践 / 中国石化能源管理与环境保护部，中国石化党组宣传部编写 . — 北京：中国石化出版社，2021.5
ISBN 978-7-5114-6135-3

Ⅰ . ①守…　Ⅱ . ①中…②中…　Ⅲ . ①石油化工企业 - 生态环境建设 - 研究 - 中国　Ⅳ . ① F426.22

中国版本图书馆 CIP 数据核字 (2021) 第 067335 号

中国石化出版社出版发行
地址：北京市东城区安定门外大街 58 号
邮编：100011　电话：（010）57512500
发行部电话：（010）57512575
http://www.sinopec-press.com
E-mail:press@sinopec.com
北京富泰印刷有限责任公司印刷
全国各地新华书店经销
*
787 × 1092 毫米 16 开本 16.5 印张 302 千字
2021 年 6 月第 1 版　2021 年 6 月第 1 次印刷
定价：168.00 元

编 委 会

编 写 组

序

生态文明建设是中华民族永续发展的千秋大计、根本大计。党的十八大以来，习近平总书记以思接千载、视通万里的远见卓识，前人栽树、后人乘凉的历史担当，求解人与自然和谐共生之道，指明生态文明之路，开展一系列根本性、开创性、长远性工作，推动我国生态文明建设发生历史性、转折性、全局性变化。特别是，习近平总书记继承和发扬中国古典生态智慧，凝练和升华新中国成立70多年的理论实践探索，以“生态兴则文明兴”的历史纵深，“山水林田湖草是生命共同体”的系统思维，“绿水青山就是金山银山”的绿色发展理念，“共谋全球生态文明建设”的全球视野，“用最严格制度最严密法治保护生态环境”的法治手段，擘画了美丽中国的宏伟蓝图，形成了习近平生态文明思想，这是我国生态文明建设开天辟地的伟大创举。

“伟大的思想只有付诸行动才能成为壮举”。作为国有重要骨干企业，中国石化始终沿着习近平生态文明思想指引的方向坚定前行，始终把生态文明建设置于全局工作的突出位置，把绿色作为企业发展的最亮底色，站在践行“两个维护”的政治高度，以站排头、争第一的精神状态，推动企业绿色发展取得一系列新进展新成效。“十三五”以来，中国石化深入践行绿色发展理念，持续深化能源供给侧结构性改革，建立系统完备的能源环境管理体系，全面推开绿色企业行动计划，大力实施能效提升计划，积极推进长江、黄河流域生态保护，以严于国家和地方的环保标准打好污染防治攻坚战，主动“舍油让地”退出生态红线区，积极推进地热、氢能、光伏发电等新能源布局发展，大力攻关绿色技术、发展绿色工程、厚植绿色文化，在呵护绿水青山、节能减排降碳、发展洁净能源等方面结出累累硕果，在祖国大美江山生动谱写了习近平生态文明思想的石化篇章。

征程万里风正劲，重任千钧再奋蹄。新时代新阶段，党中央开启了全面建设社会主义现代化国家新征程，吹响了建设美丽中国冲锋号，制定了“十四五”时期经济社会绿色发展新目标，明确了碳达峰碳中和新任务。中国石化将坚定扛起重大历史使命，共抓大保护，不搞大开发，加快构建绿色低碳、清洁高效的多元能源供给体系，积极推进绿色洁净发展战略，以绿色发展理念引领构建“一基两翼三新”产业格局，全力打造“清洁、高效、低碳、循环”的绿色企业，着力在生态文明建设新征程中当标杆、作表率，为助力生态文明建设、实现人与自然和谐共生作出新的更大贡献。

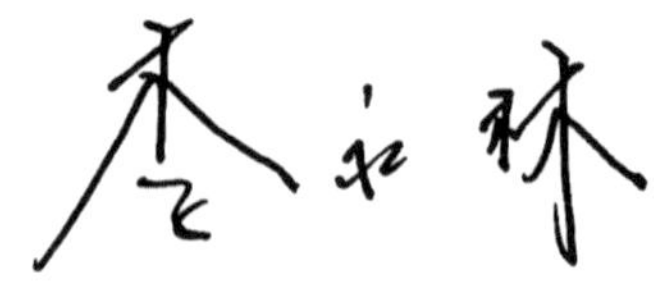

前言

中国石油化工集团有限公司积极践行习近平生态文明思想，认真落实党中央、国务院各项部署要求，深入贯彻绿色发展理念，努力在生态文明建设方面争先锋、做表率。集团公司全体员工团结一心，振奋精神，在推进生态文明建设的进程中，艰苦奋斗，负重前行，实施一系列有力举措，取得了良好的环境、社会和经济效益，坚定履行央企担负的政治和社会责任，为我国的经济、社会和生态健康、协调、可持续发展做出了积极贡献。

为全面总结中国石化生态文明建设取得的宝贵经验和丰硕成果，中国石化能源管理与环境保护部和中国石化党组宣传部联合编写了《守护绿水青山——中国石化生态文明建设实践》一书。本书对近年来中国石化生态文明建设的总体成就进行了描述，介绍了中国石化在奉献清洁能源、打好污染防治攻坚战、长江大保护、生态保护、能效提升、温室气体减排、绿色技术、环境风险管控和绿色文化等方面的典型实践；并对中国石化将持续引领行业绿色发展、谱写生态环境保护新篇章的愿景目标进行了展望。

本书编写工作得到了集团公司有关部门、事业部及相关科研院所和企业的大力支持，在此一并表示感谢。

目录

回　顾

中国石化胸怀“国之大者”，深入学习贯彻习近平生态文明思想和“四个革命、一个合作”能源安全新战略，着眼于对历史负责、对民族负责，把企业发展、生产经营融入党和国家事业大局，争做生态文明建设的践行者、引领高质量发展的排头兵。

中国石化实施绿色低碳发展战略，不断提高能源资源利用效率，最大限度地减少污染物和温室气体排放，为社会提供更多的优质生态产品。先后实施了一系列专项行动，努力推动企业提质升级，生产区及周边生态环境明显改善，绿色发展取得显著进步。

中国石化绿色发展之路
2020.11
启动碳排放达峰和碳中和战略研究
2020.09
启动臭氧污染防治专项行动
2018.12
开展“污染防治攻坚战”三年行动
2018.04
发布绿色企业行动计划
2014.06
启动“能效提升”计划
2013.07
启动“碧水蓝天”环保专项行动
2011.12
率先在中国工业企业中发布《环境保护白皮书》
2011.01
提出“绿色低碳发展战略”

中国石化集团公司，荣获“节能减排突出贡献企业”
中国石化集团公司，荣获“中国低碳榜样”
“中国石化碧水蓝天行动”获选全球契约关注气候与环境保护最佳实践
镇海炼化，荣获中华环境优秀奖
燕山石化，荣获中华（宝钢）环境奖

绿色发展理念成为新共识

我们的能源环境管理架构：公司董事会下设社会责任委员会、HSSE 委员会，能源环境实施一体化管理。

我们的绿色发展战略：中国石化把绿色低碳作为公司的重要发展战略。

我们的绿色理念：节能优先、环保优先。依法诚信经营，将节约环保融入生产经营各环节，认真履行环境保护义务；率先垂范，引领行业清洁生产，促进社会绿色发展。

我们的绿色行动：继 2013 年启动“碧水蓝天行动”、2014 年启动“能效提升”计划之后，2018 年 4 月，中国石化率先启动国内规模最大的“绿色企业行动计划”，实施 6 大计划 25 项措施，到 2023 年所属企业建成清洁、高效、低碳、循环的绿色企业。

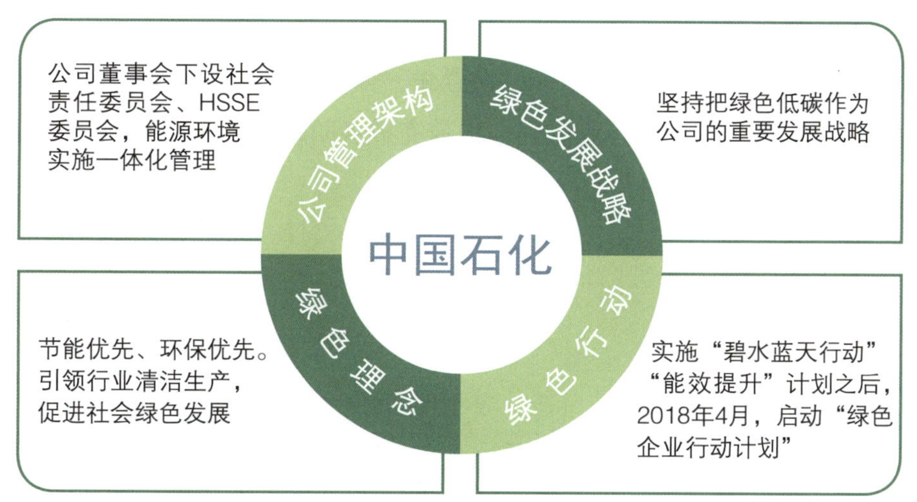

通过实施一系列绿色行动措施，中国石化发展布局和结构转型稳步推进，清洁能源供给和利用持续提升，绿色生产和生活深入人心，绿色采购和服务机制不断完善，绿色工艺和污染防治技术取得新突破，绿色文化氛围逐步形成。至 2020 年年底，绿色企业创建比率达到 66%。

胜利油田春风油田等 3 家单位获得自然资源部绿色矿山；镇海炼化等 8 家企业获得中华人民共和国工业和信息化部绿色工厂；巴陵石化等 5 家企业的 6 种产品被评为行业绿色产品。

清洁能源产供实现新突破

清洁能源勘探开发卓有成效。为保障国家能源安全，加大清洁能源供给，中国石化实施稳油增气策略，奋战于崇山峻岭、沙漠戈壁，通过艰苦卓绝的努力，常规天然气、页岩气、煤层气产量及供应量在“十三五”期间大幅提升。

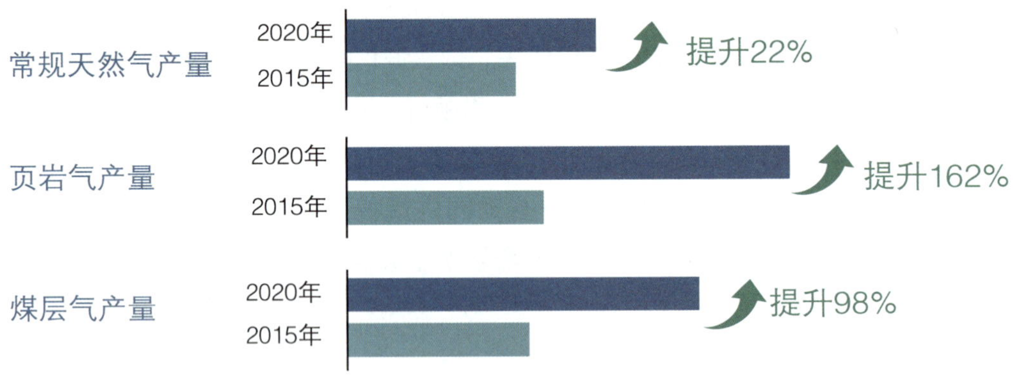

油品质量持续提升。从 2000 年到 2020 年，供应油品硫含量下降了 99%，成品油的清洁优质化进程始终走在行业前列，提前完成各阶段车用汽柴油质量升级，完美诠释了“每一滴油都是承诺”。

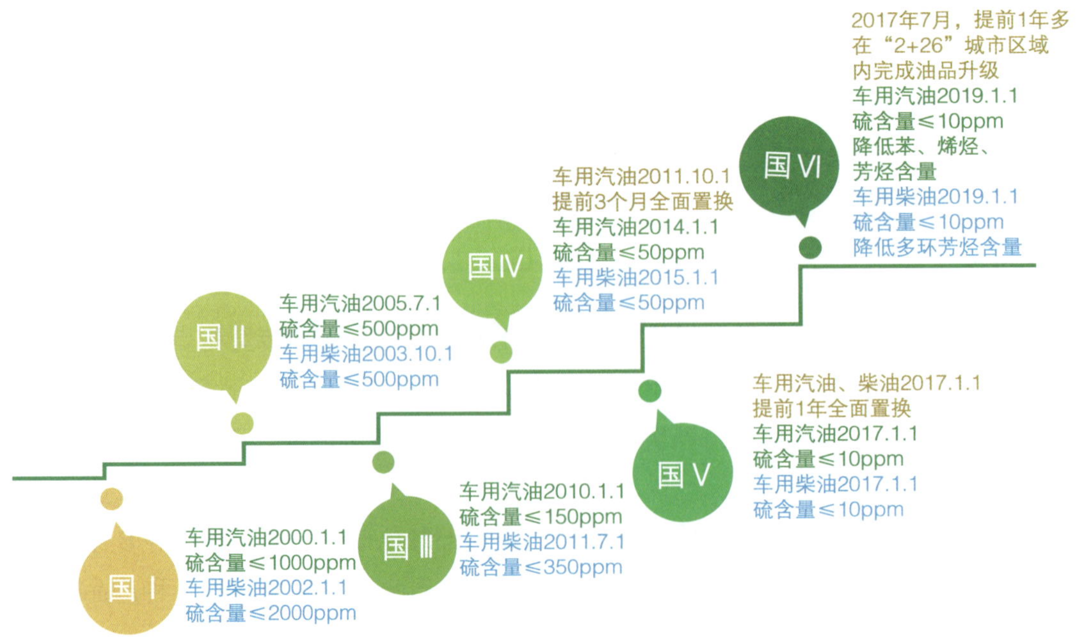

天然气供应能力不断提升。建成天津、北海、青岛 3 个 LNG 接收站，LNG 接转能力达到 1800 万吨 / 年，天然气供给能力大幅度提升。

“地热 +”清洁供暖实现快速发展。地热供暖能力达 5700 万平方米，居国内第一，成为北方地区清洁能源供暖的重要组成部分，每年可替代标煤 114 万吨。

能源资源利用取得新成效

能源消耗强度持续降低。中国石化不断优化用能结构，加大节能技术创新和推广力度，加强能源消耗强度控制，2020 年万元产值综合能耗较 2015 年降低 5%。“十三五”期间，各板块特征能耗指标均有下降。

油田板块：单位油气综合能耗相比2015年下降2.83%

炼油板块：炼油单因能耗较2015年降低3.1%

化工板块：乙烯装置乙烯燃动能耗比2015年下降2.1%

油品销售板块：储运电耗较2015年下降 10%

“能效提升”计划有力推进。从六个方面推进实施近 3000 个“能效提升”项目，实现节能 458 万吨标煤。

取用水总量持续降低。大力推进非常规水资源替代新鲜水，优化用水结构；加大污（废）水回用力度，提高污水回用率；开展水平衡测试和供水管网的查漏、消漏等工作，进一步挖掘节水潜力。取用水总量连续 5 年持续降低，节水 5200 万立方米，相当于约 3.5 个西湖。

2020年与2015年相比，
工业取水量下降5.4%

能效水效领跑行业。中国石化下属多家企业获得包括国务院国有资产监督管理委员会能效最优企业、乙烯生产能效最优企业，石油石化行业“能效领跑者标杆企业”，中华人民共和国工业和信息化部等四部委“水效领跑者企业”和第十一届国际清洁能源部长级会议能源管理洞察力奖在内的多个奖项，能源资源高效利用获得国内管理部门和行业以及国际上相关机构的一致好评。

污染防治攻坚勇夺新胜利

中国石化全面落实国家《大气污染防治行动计划》《蓝天保卫战三年行动计划》《水污染防治行动计划》《土壤污染防治行动计划》有关要求，编制印发《中国石化绿色企业行动计划污染防治工作三年实施方案》，累计投入 300 亿元实施污染防治攻坚项目，持续推动污染物总量减排与提标治理，推进 $PM_{2.5}$ 与臭氧协同管控。

打赢蓝天保卫战

- 有组织废气全部完成脱硫脱硝提标治理
- 综合治理VOCs 排放12类源项
- 炼化企业每年对1112万个密封点开展LDAR

- 完成300余座油库、约3万个加油站油气回收装置安装，实现油品密闭装卸
- 油气田、销售企业，涉VOCs物料密封点≥2000个的站库100%开展LDAR

打好碧水保卫战

- 油田采油废水零排放
- 气田采出水实现再利用

- 生产区域全面雨污分流
- 煤化工企业废水零排放
- 炼化企业污水深度处理

推进净土保卫战

- 排查治理1891口套损井
- 完成约3万座加油站埋地油罐防渗改造
- 每家企业建设至少1座标准化危废库

- 推广绿色采购，每年减少包装物约46.4万个
- 提供绿色润滑服务，每年减少废钢桶约25万余只

- 布局11个集团级区域性危险废物利用处置中心
- 畅通约31万吨/年危险废物下游利用路径

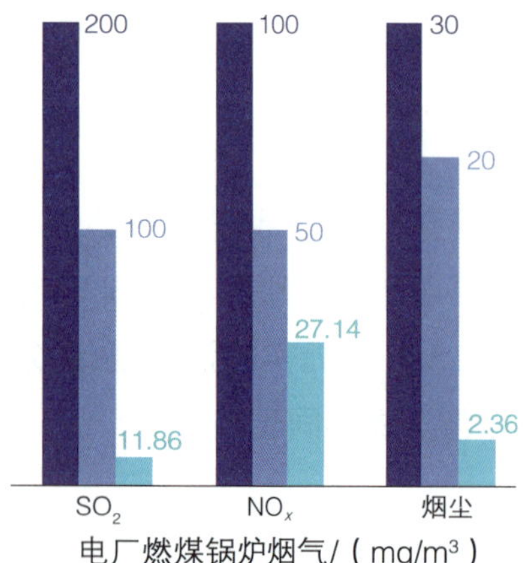

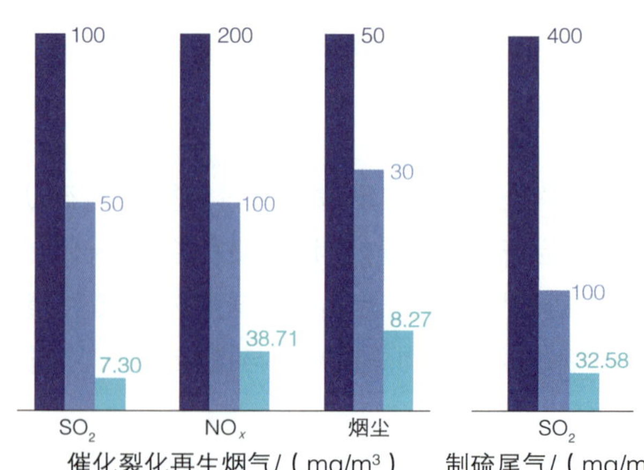

■ 国家标准 ■ 特别排放限值 ■ 实测平均值

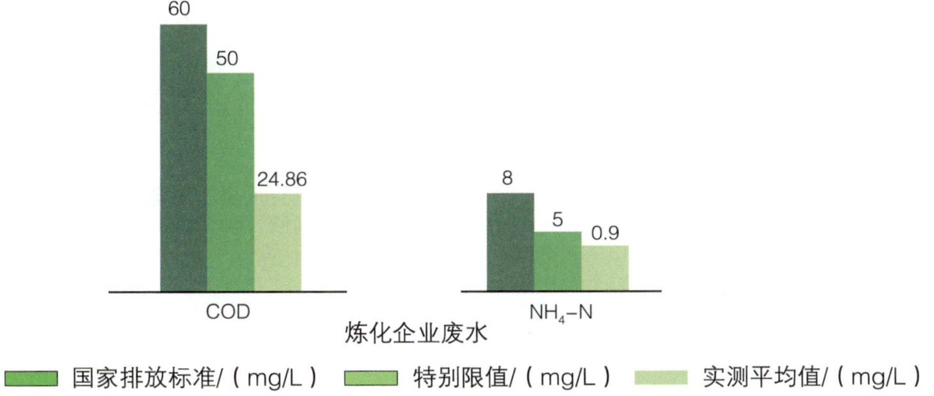

2020 年与 2015 年相比：化学需氧量、氨氮、二氧化硫、氮氧化物、VOCs 排放量分别削减 11.2%、10.6%、16.5%、16.1%、41.9%；固废万元产值产生量下降 5% 以上，综合利用率增加 5% 以上；重大环境风险减量 96.5%。

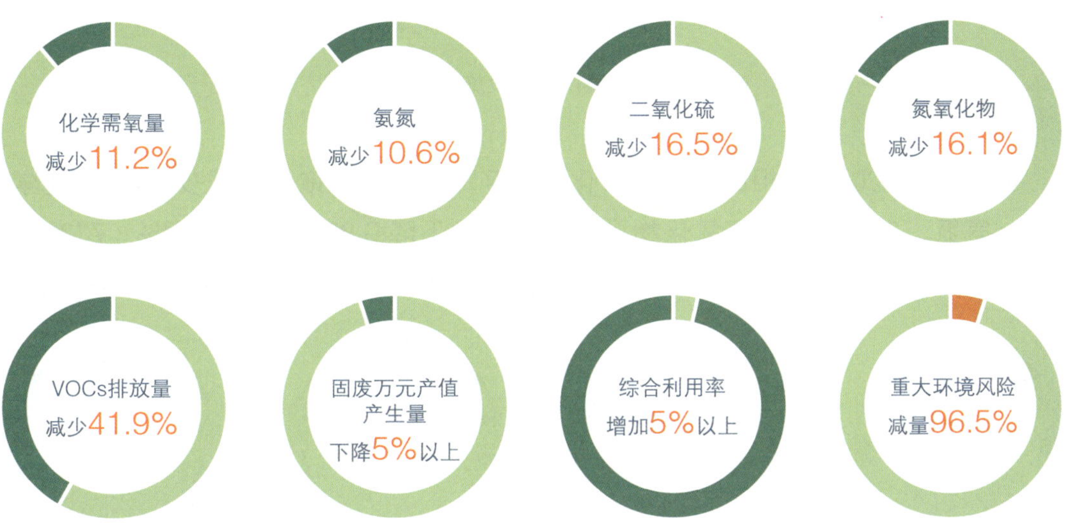

助力长江母亲焕发新风采

中国石化沿江企业坚决落实“共抓大保护、不搞大开发”决策，不断提高绿色发展意识，提级管理沿江环境风险源，排查解决自身生态环境问题，持续提高本质环保水平。

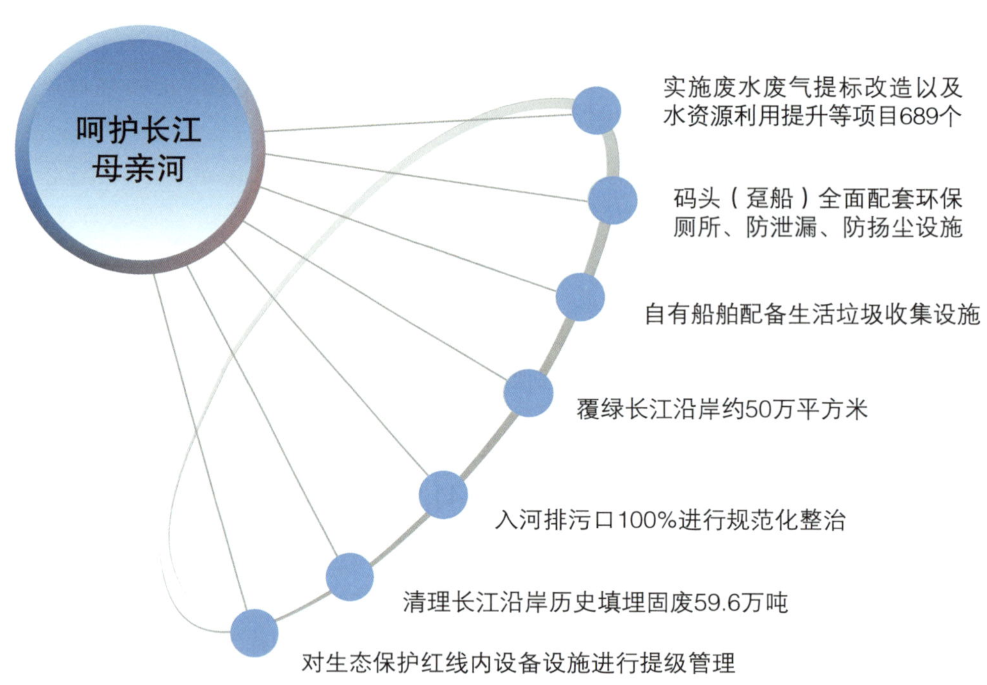

2020 年与 2017 年相比，中国石化长江区域企业工业取水量减少 14%；化学需氧量、氨氮、二氧化硫、氮氧化物排放总量分别下降 0.8%、16%、67%、71%；危险废物产生量下降 11.8%、综合利用率提高 0.8%；重大环境风险实现减量 88%。

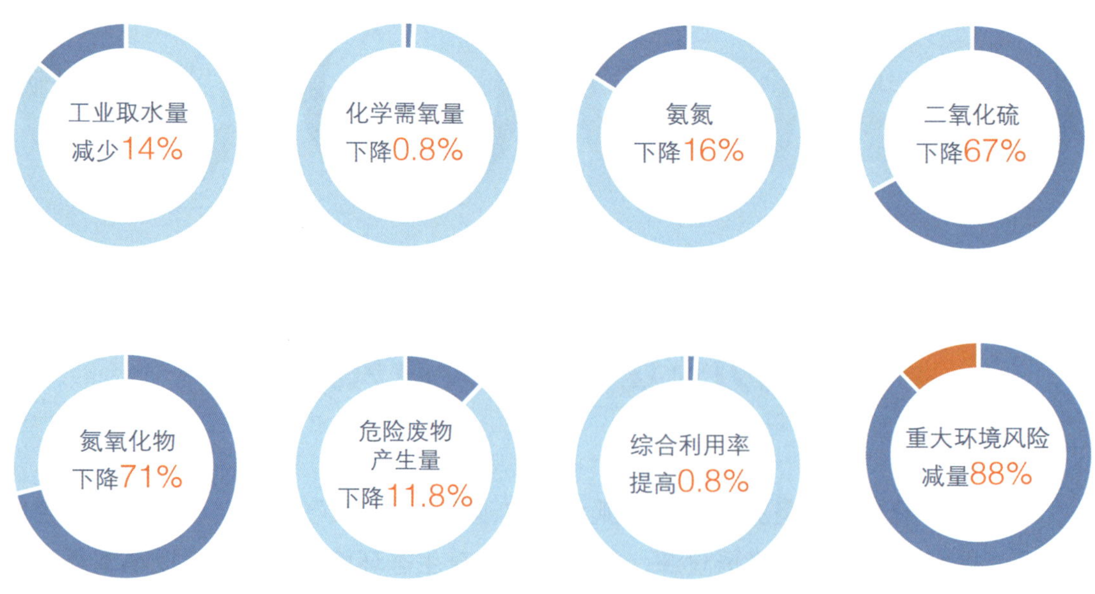

生态保护修复迈出新步伐

中国石化严格落实国家“三线一单”要求，采取严格的生态保护措施，以环境友好的方式开发和利用自然资源。“十三五”期间累计节约土地资源 1.5 万亩，生态恢复 1.45 亿平方米。

积极退出保护区内生产设施，主动让路让地，维护保护区主体功能，呵护保护区内动植物生存环境。

温室气体减排开创新局面

中国石化积极推进落后产能淘汰，加强二氧化碳资源化利用，实施二氧化碳驱油，加大甲烷回收利用，“十三五”期间，累计实现减排二氧化碳 3000 余万吨，碳排放强度下降 7.69%。

推进二氧化碳源汇匹配工程实践，在胜利油田、南化公司分别建成 4 万吨级、10 万吨级二氧化碳捕集装置，助力胜利油田、华东石油局、江苏油田驱油增产，率先打造全产业链 CCUS（碳捕集、利用与封存）示范基地。

开发 CCER（国家核证自愿减排量）项目，完成污水余热利用等 CCER 项目备案 5 个，获取减排量签发 19 万吨。

全力支持国家碳交易市场建设，发挥央企带头示范作用。积极参与试点地区碳交易，按时完成碳配额履约，累计碳交易量约 1337 万吨、交易额约 3 亿元，推动中国碳市场健康发展。

绿色技术研发跃上新台阶

中国石化大力研发、推广和应用绿色技术，开发环境友好的低碳产品，取得了一系列创新成果，为企业结构调整和转型升级提供技术支撑，以科技驱动绿色发展，部分技术达到世界领先水平。

绿色工艺技术

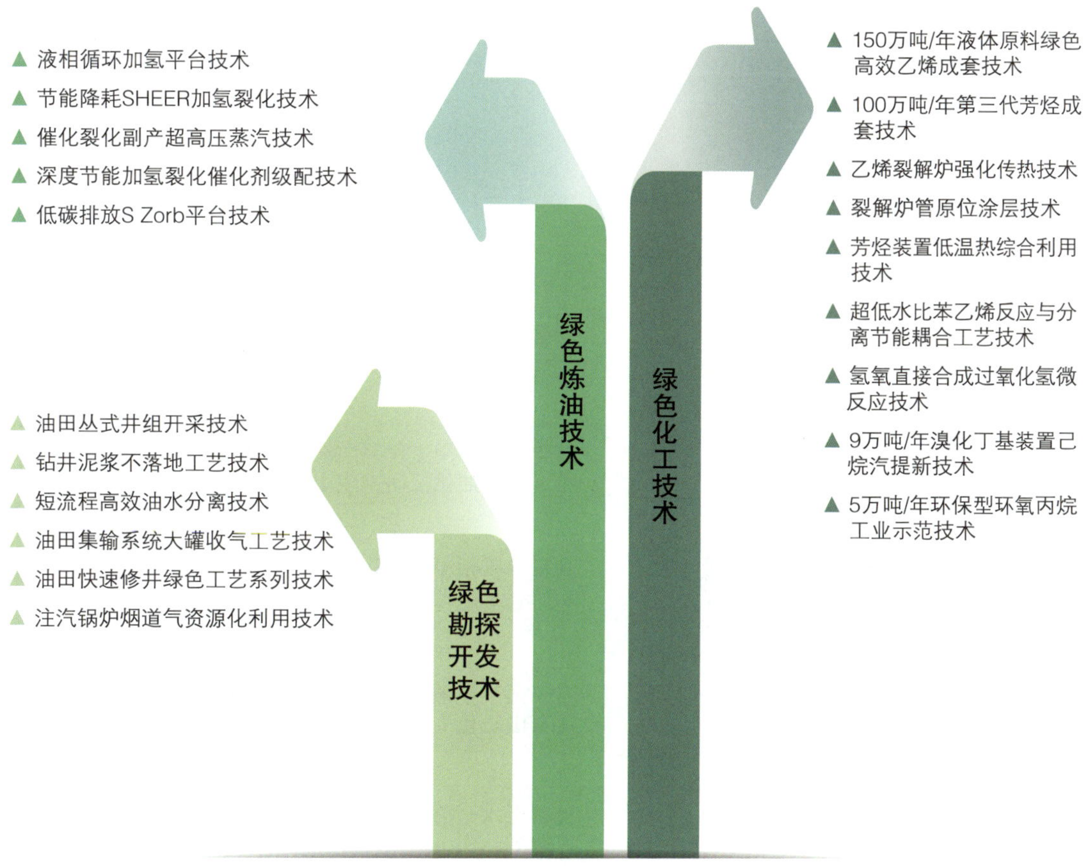

自主研发绿色工艺技术

绿色低碳技术

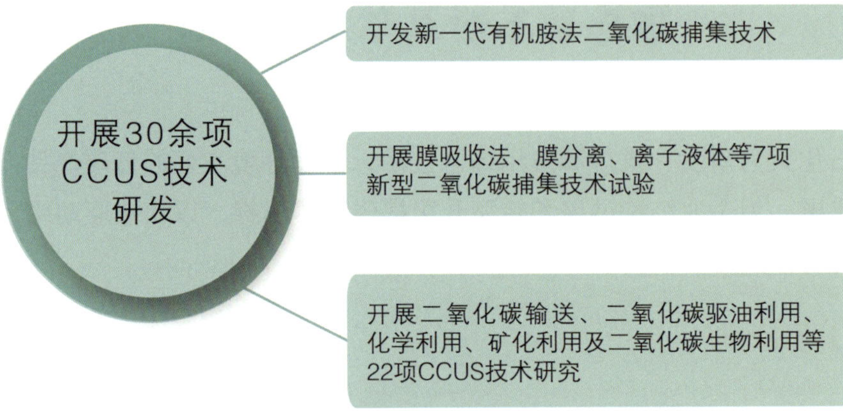

自主研发绿色低碳技术

绿色节能技术

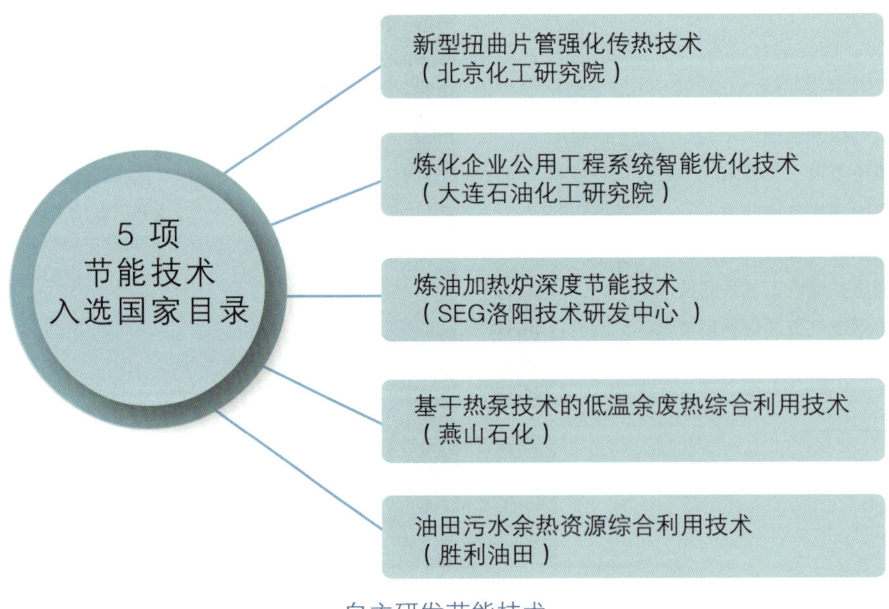

自主研发节能技术

绿色环保技术

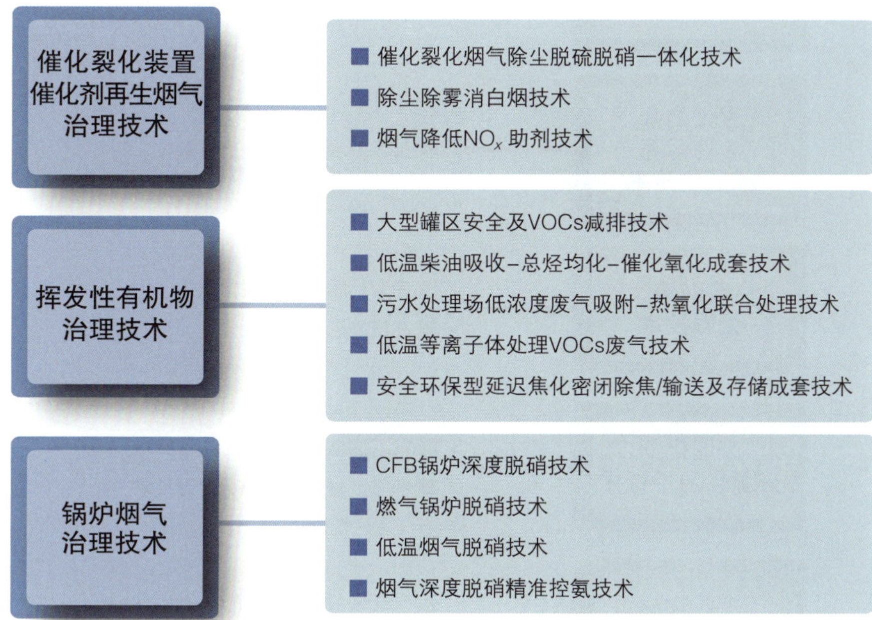

自主研发废气处理技术

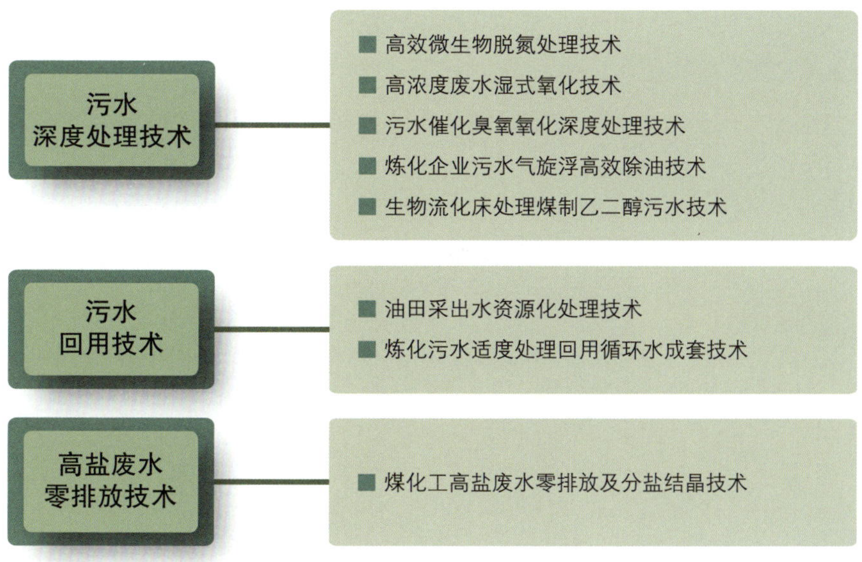

自主研发废水处理技术

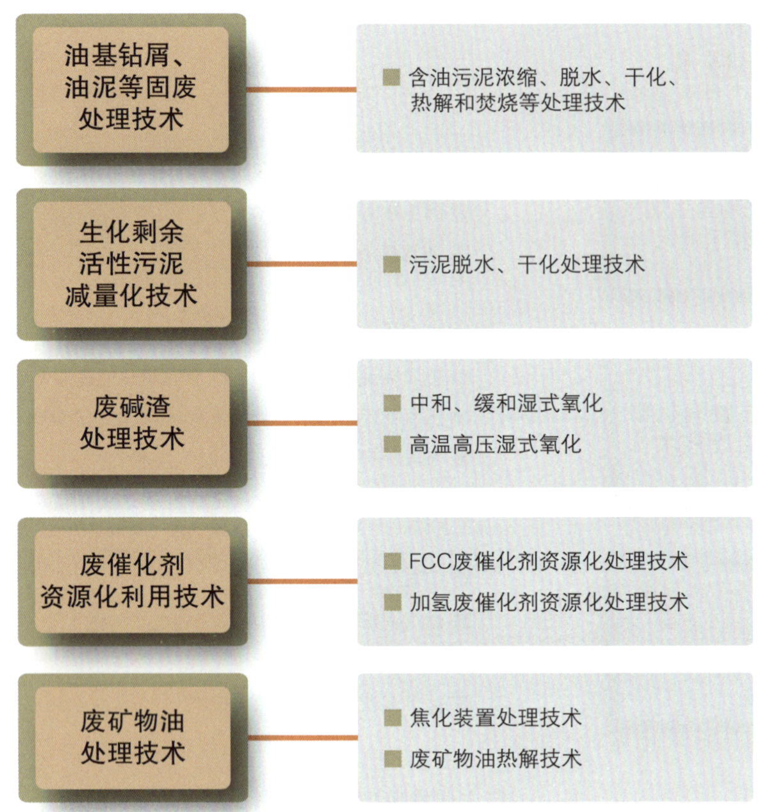

自主研发固体废物处理利用技术

第一章

奉献清洁能源实践

“洁净”是能源领域的一场深刻革命，作为国有重要骨干企业，中国石化顺应时代潮流，主动投身变革，推进化石能源洁净化、洁净能源规模化，加大清洁能源勘探开发力度、全面提升油品质量、加快库站管网建设，积极为社会奉献洁净能源，展示“洁净低碳、行业领先”新形象。

大力推进经济、能源、产业结构转型升级，让良好生态环境成为全球经济社会可持续发展的支撑。

让页岩气走进千家万户

（江汉油田）

江汉油田涪陵气田是我国建成的首个商业化开发的页岩气田，也是北美之外第一个实现商业化开发的页岩气田，不仅走出了我国页岩气自主创新发展之路，还实现了页岩气绿色低碳清洁开发，被自然资源部认定为中国页岩气开发的“绿色典范”。

涪陵气田地处重庆市涪陵区境内，西、北临长江。2012 年 11 月 28 日，中国石化在涪陵焦石坝地区实施的第一口页岩气井——焦页 1HF 井钻获 20.3 万立方米 / 天高产页岩气，实现了该区块海相页岩气勘探突破，这也是中国第一口具有商业开发价值的页岩气井，获“国家级页岩气示范区”称号。截至 2020 年年底，涪陵气田累计建成产能 127 亿立方米，累计探明储量 5937 亿立方米，累计产气 344.85 亿立方米，日产气超 2000 万立方米，每天可满足 3340 万户居民的生活用气。

涪陵钻井现场远瞰图

立体式开发　高效动用已探明储量

涪陵页岩虽然储层品质与北美相当，但由于地质年代老、埋深大、演化程度高、裂缝分布复杂等因素，焦石坝老井中大量气井逐步进入递减期，稳产难度极大。2017 年，江汉油田率先在焦石坝区块开展立体开发试验，确定了国内首个页岩气立体开发调整模式，率先实现了“中低碳、中低硅”页岩气层的效益开发，采收率达 39.2%，实现了 3800 亿立方米探明储量高效动用，开创了国内页岩分层立体开发先河。2020 年，又继续深入探索“纵向加密 + 平面加密”的立体开发模式，成功部署首批“三层立体开发”试验评价井，将采收率预期提升至 50%。

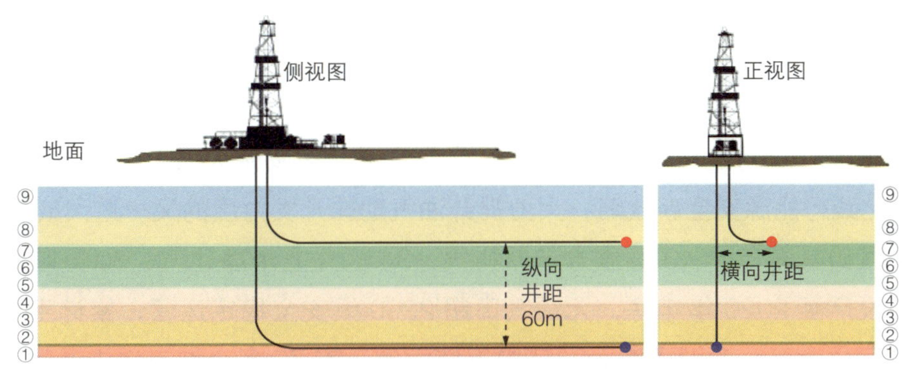

三层立体开发水平井穿行层位示意图

建设智能化气田　实现环保精准管控

涪陵气田坚持资源开发与生态保护并重，水体保护有效，废水重复利用污水排放为零，固废不落地资源化处置，连续 8 年无井喷失控事故，无环境污染事故。

涪陵气田采取智能管理措施，不仅建成了国内首个页岩气地震监测台网，实时监测汛期地质灾害预控和滑坡隐患，而且研发了国内首套页岩气腐蚀预测软件，实现了压缩机施工参数数据化管理，钻井三维可视化、管柱积液异常监测分析井有效运用，大大提升了安全环保智能化水平。

涪陵气田钻井现场远瞰图

为长江经济带注入清洁能量

（西南油气分公司）

西南油气田致力于清洁能源供应，形成了一整套天然气开发技术体系和管理体系，于 2014 年 12 月建成世界首个 7000 米超深含硫生物礁大气田——元坝气田，这是中国石化践行能源安全新战略，大力提升油气勘探开发力度的又一重大成果。

元坝气田具有年产 40 亿立方米原料气、34 亿立方米净化气、30 万吨硫黄生产能力。从投产至 2020 年年底，元坝气田超 2200 天安全稳定运营，累计生产天然气突破 200 亿立方米，源源不断为长江中下游六省二市 70 多个城市送去温暖，为工业生产持续输送血液。

元坝净化厂远瞰

元坝气田位于长江上游生态环境敏感区，具有“一超、三高、五复杂”（即埋藏超深，高温、高压、高含硫化氢，天然气组分复杂、礁体储层复杂、气水关系复杂、压力系统复杂、地形地貌复杂）的特点，绿色高效开发是一项高难度、高风险的自主创新工程，面临诸多世界级难题。

西南油气田依托 2 项国家科技重大专项和 10 余项中国石化科技攻关课题，开展多学科联合攻关，创新形成的元坝气田高效绿色开发技术整体达到国际先进水平，部分核心技术国际领先。建成我国首座具有自主知识产权的大型天然气净化厂——元坝气田净化厂，天然气总硫回收率超 99.8%；建成我国首座高含硫气田水处理循环利用站——元坝气田采出水低温蒸馏站，含硫气田水资源化循环利用零排放，实现绿色低碳开发。同时，运用数字化智能化技术，建成覆盖 2.6 万户居民的我国油气行业最大应急疏散广播系统，建成生产安全管理信息化系统和安全管理指挥系统，实现安全智能开发。

元坝净化厂控制中心

深层超深层常规天然气资源是未来油气资源战略接替的重要领域，元坝气田的高效绿色开发，为我国乃至世界深层超深层油气资源规模效益开发提供了成功经验。

元坝净化厂夜景

液化天然气助力华北绿色梦

（天然气分公司）

2018 年 2 月 6 日，随着一声汽笛长鸣，装载着 3 万吨液化天然气（LNG）的中能北海号 LNG 船缓缓靠泊天津 LNG 项目码头。2 月 14 日农历腊月二十九，3 万吨 LNG 通过槽车源源不断地输往华北七省二市。彼时，正值戊戌新春，LNG 的及时输送，让华北人民度过了一个温暖祥和的新春佳节。

天然气分公司始终致力于“奉献清洁能源、服务和谐社会”的企业愿景，为保障国内资源供应，签订了 960 万吨 / 年 LNG 进口协议，并规划建设天津、青岛、北海等一系列 LNG 接收站项目。

渤海滨、津城南，碧海黄泥映眼帘；孤岛悬、车难前，三百米下无基岩。天津 LNG 项目位于天津市滨海新区南港工业区东港池东突堤顶端，处于南港工业区三期规划范围，地下 300 米不见基岩，地震设防烈度达 8 度，工程建设难度前所未有，之前此类项目的核心技术、关键设备、主要材料、开车生产等均被外国承包商垄断。

天津 LNG 接收站码头靠船

新一代“天分人”不畏艰险、坚持奋斗，探索出了“自主设计、自主施工、自主投产”的 LNG 工程建设之路。天然气分公司联合国内设计单位、科研院所、生产单位、建设单位和制造厂商，采用项目群管理模式，成立研发团队，进行联合攻关建设。历时四年，昔日的海上悬岛，变成了储罐高耸、装置林立的天然气储备基地。

截至 2021 年 1 月底，天津 LNG 接收站累计接卸 LNG 268 船次、1775.7 万吨，高压外输商品气 191.2 亿立方米，槽车外运 424.5 万吨。2020 年至 2021 年供暖季，作为我国华北区域最重要的气源之一，保障华北地区 7 省市约 9%~11% 的天然气供应，日均外输天然气 3000 立方米，槽车外运 7000 吨。

种下绿色梦想的种子，结出清洁能源的果实。“天分人”为落实国家清洁能源优先发展战略和天然气产供储销体系建设，“十四五”规划布局了包含天津 LNG 三期在内的多座接收站，全心全意服务国家能源战略。

用地热打造首座供暖无烟城

（新星公司）

河北省雄县有着丰富的地热资源，以往30多年的无序开采导致地热水水位快速下降，也对地表环境造成了污染。2009年，中国石化新星公司与雄县政府签订战略合作协议，规范化、规模化发展地热资源。截至2020年年底，新星公司累计投资约4亿元人民币，钻凿采水井及回灌井共计101口，建成换热站51座，基本实现了城区地热集中供热全覆盖，实现地热资源的可持续开发利用，打造出中国第一座供暖无烟城。

全国首座地热“无烟城”

新星公司采用“热储评价、间接换热、梯级利用、封闭回灌”的技术进行地热开发利用。运用数值模拟技术，对地热储层进行综合评价，确保地热资源可持续开发。使用梯级利用技术，最大限度地利用地热水的热量，提高地热能的利用效率。此外，自主研发了国内第一套拥有自主知识产权的地热调控指挥平台——“中国石化三维地热资源开发调控指挥系统”和“远程自动化控制系统”。该平台具备地下水位监测、地热水资源调度、室内温度监测、结合气候补偿系统进行供暖工艺全过程自动控制等功能，实现了换热站的“无人值守”，探索出建设智能化地热田开发管理模式。

雄县的地热开发通过换热技术提取地热水中的热能，换热后的地热尾水通过“一采一灌”“三采两灌”等技术手段，实现“取热不取水”。灰岩热储地区实现全部同层回灌，解决了地热水对小区管网的腐蚀及环境问题，在冬季采暖时同步回灌，已钻成回灌井36口，有效地遏制了雄县长期以来地热水位迅速下降的势头。“十三五”期间累计回灌量近6000万立方米，雄县城区范围内地热水水位由原来的每年下降7~9米减缓到目前的基本稳定状态，预计在未来将实现地热水位的逐渐回升，真正实现清洁发展和资源可持续利用。

雄县人才家园地热换热站内景

截至 2020 年年底，雄县地区地热供热能力超过 600 万平方米，年可替代标煤 14 万吨，减排二氧化碳 36 万吨。“十三五”期间，新星公司在雄县区域利用地热供热累计节约标煤 37 万余吨，减少二氧化碳排放约 97 万吨。

“雄县模式”不仅为整个牛驼镇地热田的绿色低碳、可持续开发奠定了坚实的基础，还发展升级成为“雄安模式”，得到京津冀协同发展专家咨询委员会、自然资源部、国家能源局及河北省人民政府的充分认可，是中国地热产业发展的亮点，引领了中国地热产业发展。

助力雄安新区建设蓝绿交织水城共融生态城

一路领跑油品升级　守护首都蓝天

（燕山石化）

北京成品油质量升级一直走在全国前列。燕山石化作为北京市车用燃油的主要供应商，长期致力于为首都市场提供清洁能源，不断开发生产满足北京市不同阶段油品质量要求的合格产品，仅用十几年时间走完了西方国家 30 年油品升级之路，为推进我国燃料清洁化进程树立了榜样标杆。

油品质量升级　一路领跑全国

燕山石化是国内成品油质量升级换代的“领跑者”。车用汽油从无铅汽油到欧Ⅱ、欧Ⅲ、欧Ⅳ……直至正在执行的京Ⅵ标准，燕山石化始终担当着“全国第一家”的角色，积累了雄厚的技术实力和宝贵的生产经验。

1997 年，燕山石化在国内率先启动了清洁燃料工程，消灭了 70 号汽油和加铅汽油，率先实现了汽油无铅化。

2000 年，北京与上海、广州一起执行相当于欧Ⅱ标准的 GB 17930—1999 汽油标准。针对成品汽油烯烃含量高于标准限值的情况，燕山石化 200 万吨 / 年重油催化裂化装置从 1999 年 12 月开始开展催化汽油降烯烃工作，2000 年 3 月 22 日，向北京市场供应新国标汽油，比国家规定日期提前了 4 个月；2003 年下半年生产的车用汽油全部达到新国标要求。

2004 年北京市推出新的油品地方标准——京标 A，燕山石化加快油品升级步伐，提前一个月生产出合格的京标 A 油品。2005 年，北京市油品再度升级为相当于欧Ⅲ排放规格的京标 B 标准，燕山石化 2005 年率先在全国推出了相当于欧Ⅲ排放规格的车用汽油。

建成千万吨炼油基地　奉献绿色奥运

为满足北京市 2008 年奥运会前在全国率先执行相当于欧Ⅳ排放规格的京Ⅳ标准，燕山石化投资 57 亿多元，启动 1000 万吨炼油系统改造工程。2007 年 6 月 22 日，实现一次开车成功，成功量产欧Ⅳ排放标准的高品质清洁汽柴油。燕山石化成为国内首家生产欧Ⅳ成品油的千万吨级炼油基地，让首都燃油品质与欧盟接轨，跨入了世界先进行列。

2008 年 3 月 1 日，燕山石化开始向北京市场全面供应欧Ⅳ油品，让北京汽车率先“喝”上更高标准的清洁油，提前兑现我国向国际奥委会的承诺。

占领炼油技术制高点　向更高质量迈进

随着首都空气质量污染问题加剧，北京市对车用油品提出了更高质量要求：2012 年 5 月 31 日起开始执行相当于欧Ⅴ排放规格的京Ⅴ车用汽、柴油标准；2017 年 1 月 1 日起实施京Ⅵ车用汽柴油标准。燕山石化从技术、设备、管理等方面提前做了充分准备，研究制定京Ⅴ油品的调和配方，并进行试生产。2010 年，投入数千万元更换两套加氢处理装置催化剂，2012 年年初，又对 S Zorb 装置、硫黄回收装置、制氢装置等进行了消瓶颈改造，并对油品调和设施进行了整合完善，为京Ⅴ油品生产打下坚实基础。2012 年 5 月 31 日，北京市执行京Ⅴ标准当日，中国石化启动油品置换仪式。2013 年 10 月第二套 S Zorb 装置建成投产，使催化裂化汽油全部变成超低硫汽油调和组分，进一步提高了清洁汽油的产量。

2016 年 12 月 25 日，燕山石化首批京Ⅵ汽柴油又成功输送至中国石化北京石油分公司长辛店油库，比北京市规定的实施京Ⅵ车用汽柴油标准的时间早了 5 天。

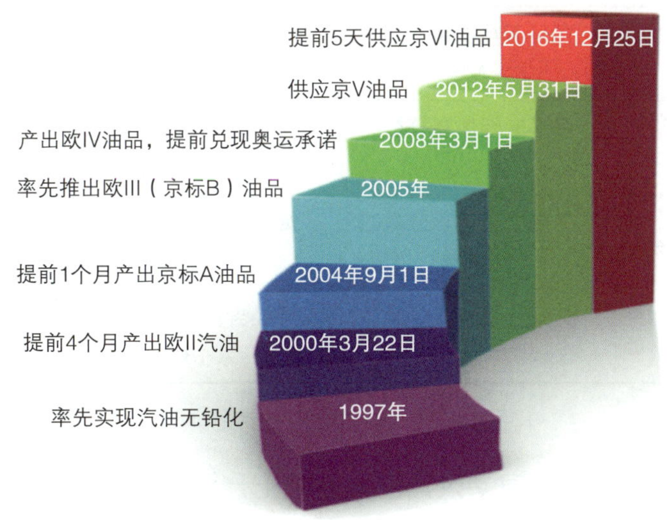

燕山石化油品质量升级一路领跑

紧跟清洁燃料质量升级的步伐，为首都碧水蓝天做贡献是燕山石化义不容辞的责任，燕山石化正在加紧研究清洁油品优化配方，将在北京冬奥会之前提供更清洁环保的车用汽油。

助力广州车用汽油提前迈入国 VI 时代

（广州石化）

2018 年 9 月 8 日，广州石化生产的首批 4600 多吨国 VI 汽油出厂，这是继 7 月 6 日出厂国 VI 柴油后的又一突破，提前确保广东省 2018 年 9 月 1 日起全部推广使用国 VI 标准车用柴油、2018 年 12 月 1 日起全部销售国 VI 车用汽油的目标实现，有利于进一步减少机动车污染物排放量，切实改善珠三角地区的空气环境质量。

国 VI 汽、柴油标准对质量控制更加严格，对石油炼制企业生产提出了更高要求。

与国 V 柴油标准相比，国 VI 标准柴油指标中多环芳烃指标含量降幅达 36.4%；新增加总污染物含量指标，要求不大于 24 毫克 / 千克，还调整了柴油的密度、闪点等指标。

与国 V 汽油质量标准相比，国 VI 车用汽油中的芳烃组分含量由不大于 40% 下降至不大于 35%，烯烃含量由不大于 24% 下降至不大于 18%，苯含量由不大于 1% 下降至不大于 0.8%。

柴油国 V	多环芳烃质量分数 ≯ 11%	—	
柴油国 VI	多环芳烃质量分数 ≯ 7%	总污染物含量 ≯ 24mg/kg	
汽油国 V	芳烃含量体积分数 ≯ 40%	烯烃含量体积分数 ≯ 24%	苯含量体积分数 ≯ 1%
汽油国 VI	芳烃含量体积分数 ≯ 35%	烯烃含量体积分数 ≯ 18%	苯含量体积分数 ≯ 0.8%

车用汽柴油国 V 和国 VI 主要指标对比

广州石化提前一年，在国 V 汽油配方基础上，多次开展国 VI 汽油小调试验。根据装置生产优化调整，汽油组分种类和性质不断发生变化等情况，广州石化优化装置进料，严控装置馏出口指标等，经过半个多月的攻关，确保生产的汽油所有指标合格。由于国 VI 汽油芳烃含量下降，生产国 VI 汽油需要外购异辛烷来平衡芳烃过剩资源，广州石化制定异辛烷进厂质量验收及监控方案，提前 4 个月打通厂内接卸流程，多次优化后，开展质量平衡测算，制定了各牌号国 VI 汽油生产方案。36 天后，国 VI 汽油生产进入正式生产阶段，广州石化根据原油硫含量的变化，动态平衡调整加工方案，减少汽油辛烷值损失的同时，尽可能降低汽油硫含量，重点监控苯含量并提前做好储罐、管线置换，防止出现油品污染。连续多日奋战，分析数据全部达到指标要求，国 VI 汽油生产成功。国 VI 汽油蒸气压指标严格按照广东省要求 40~60 千帕进行控制，严于国家标准 40~65 千帕。2018 年 9 月 8 日，首批国 VI 标准车用汽油顺利进入广东省成品油市场，为打赢蓝天保卫战提供有力支撑。

S Zorb 催化汽油脱硫装置生产国 VI汽油

广州石化油品质量升级始终保持领先，努力为社会提供更清洁的能源、更绿色的产品。

生物航煤　为绿色航空加油

（中国石化）

随着航空运输业的快速发展，预计 2035 年我国航煤消费量将超过亿吨。因客机在万米高空排放的二氧化碳和颗粒物对环境的影响程度高于地面交通，多个国家和国际民航组织纷纷制定了民航业碳减排的目标和措施，国际民航组织规划 2020 年起实现碳中和增长，到 2050 年民航业碳排放量要在 2005 年总量基础上降低 50%。

中国石化持续推进科技创新，致力于节能减排、生物质燃料技术的开发和应用。研发生物航煤产品，采用可再生的生物质棉籽油、棕榈油、酸化废油和微藻油等为原料，加工制得生物航煤。生物航煤的组成是纯烃类化合物，与石油基航煤完全互溶，且应用时不需对航空发动机油路系统做任何改造。与石油基航煤相比，生物航煤产品全生命周期二氧化碳减排量可达 50%~80%，且能够显著降低颗粒物排放。因其绿色特性和减排优势，生物航煤已成为民航业应对碳减排的措施选择。

首个生物航煤航班成功完成跨洋飞行

中国石化于 2009 年成功开发出具有自主知识产权的生物航煤生产技术；2011 年 12 月建成亚洲首套生物航空煤油工业示范装置，生产出合格生物航煤；2013 年 4 月中国石化 1 号生物航煤在上海虹桥机场由东航成功完成技术试飞验证；2014 年 2 月，中国第一张生物航煤生产许可证落户中国石化；2015 年 3 月 21 日，加注中国石化 1 号生物航煤的商业载客航班成功完成上海至北京航线应用，生物航煤产品在中国国内实现商业应用。2017 年 11 月 21 日，海南航空执飞的生物航煤国际商业载客航班成功完成中国北京至美国芝加哥跨洋应用，这是中美两国之间首个生物航煤航班，标志着中国石化以餐饮废油为原料生产的生物航煤产品打通国际商业应用全流程。

地沟油 “变身”生物柴油

（上海石油）

以“地沟油”为原料加工生产的交通运输用可再生液体燃料，是以“绿色清洁、循环利用”为目标，并有效减少机动车污染排放，逐步成为治理大气污染，避免“地沟油”流向餐桌，保障食品安全的重要措施。

以“地沟油”为原料加工生物柴油，具有润滑性好、十六烷值高、无毒、低硫、可降解、无芳烃等优点，可直接替代或与石化柴油调和使用，不仅能有效改善国Ⅵ柴油的润滑性，还有利于降低柴油发动机尾气污染物排放。生物柴油车尾气中有毒有机物排放量仅为普通柴油的 10%，不含对环境污染较重的芳香族化合物，颗粒物排放量仅为 20%，二氧化碳和一氧化碳排放量仅为 10%。从全生命周期看，生物柴油是碳中性燃料，不会增加大气中二氧化碳含量。

自 2017 年年底，上海石油奉贤区庄行加油站和浦东新区纬三加油站开始对外销售餐厨废弃油脂制生物柴油，成为全球首家 B5 生物柴油供应者。这意味着餐厨废弃油脂制成的生物柴油终于走出“实验室”，打通了市场化的“最后一公里”。

2018 年 9 月，上海石油建成启用闵行油库 B5 车用柴油调和基地。BD100 原液通过槽车运输至油库，卸车后进罐储存，通过在线技术，形成完整的 B5 车用柴油调和系统，日调和能力达 1000 吨，保障了上海地区 B5 车用柴油的市场供应。目前高桥油库调和基地正在筹划建设中。

从站点试点到全区域销售网络，上海石油循序渐进，逐步提升网点覆盖率。截至 2020 年 12 月底，B5 车用柴油供应网点数量增加至约 250 座，覆盖上海市全部 14 个行政区域，占上海石油在营油站的 40% 以上，日均加注生物柴油 1200 多吨，约合 1.5 万辆车次；累计加注 B5 生物柴油 70 余万吨，约合 1200 万辆车次，消纳 BD100 原液约 3.2 万吨。

上海石油生物柴油

低硫船燃　绿色启航

（燃料油公司）

船舶尾气排放是全球港口和海域的主要大气污染源之一，其中每年排放二氧化硫约占全球排放总量的 13%，约占大气污染总量的 5%~11%。据测算，一艘大中型集装箱船使用硫含量 3.5% 的燃料油，以 70% 最大功率负荷航行 24 小时，产生的 $PM_{2.5}$ 大约相当于 21 万辆国Ⅳ柴油卡车的排放量。

为减少船舶尾气对大气和海洋环境的影响，国际海事组织（IMO）《国际防止船舶造成污染公约》规定，从 2020 年 1 月 1 日起，全球船用燃料油硫含量上限须从 3.5% 降低到 0.5%。现阶段需通过油品质量升级、降低二氧化硫等污染物排放实现航运业能源清洁化。

产品结构新调整

中国石化燃料油公司充分利用集团公司“产销研用”一体化优势，配合炼油企业于 2017 年起着手布局低硫船燃生产、研发等相关工作，2018 年 6 月完成低硫船燃试生产的工作方案，相继配合金陵石化、上海石化等炼油企业进行低硫船燃的试生产工作。2019 年“6·5 世界环境日”之际，燃料油公司向全球发布中国石化低硫船燃生产供应方案，在镇海炼化、茂名石化、青岛石化等 10 家临近沿海的炼油企业布局低硫船燃生产，开展国内规模最大的低硫船燃规模化生产供应行动。

供应规模大突破

2020 年是全球船用燃料油低硫元年，燃料油公司保税油经营量突破 808 万吨，其中低硫船燃达到 662 万吨，占比达到 82%，助力减排二氧化硫 40 万吨，相当于 4238 万辆国Ⅳ卡车一年的排放量，以实际行动践行了中国作为国际海事组织 A 类理事国的庄严承诺。

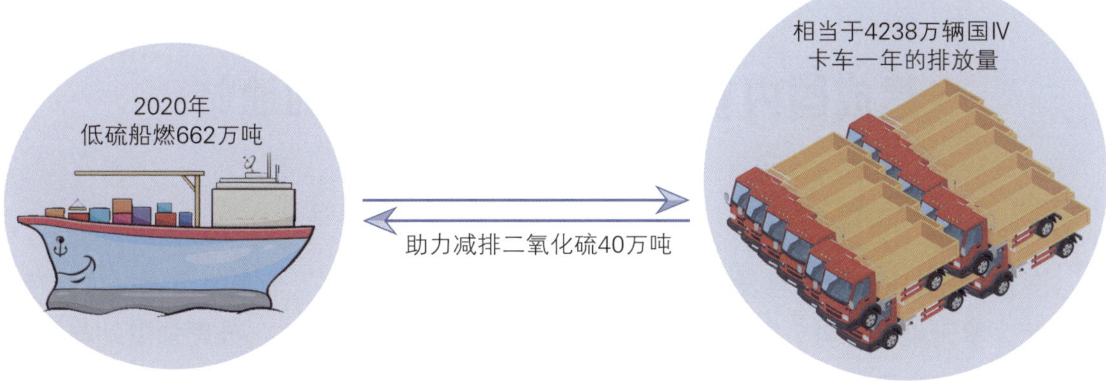

2020 年 4 月 6 日，汉班托塔港油库正式运营，中国石化参与“一带一路”建设的足迹首次拓展到斯里兰卡，以优质油品和高效服务为往来船只加油续航。2020 年 6 月 11 日，在河北山海关船厂锚地，首次为外轮配送 2000 吨低硫船燃，标志着公司保税油业务实现环渤海全覆盖；2020 年 7 月 13 日，公司为科考船“雪龙 2 号”完成 2000 吨低硫船燃供给，为我国极地勘察、海洋及生物研究加油助力；2020 年 11 月 26 日，自有船舶“朝阳 503”在海南洋浦国投洋浦油储原油码头为中远海能源公司“大源湖”油轮加注 950 吨低硫船燃，标志着在海南实现油轮及危化品码头供应“双突破”。

“大源湖”油轮加注 950 吨低硫船燃

燃料油公司坚持“每一滴油都是承诺”，积极与科研机构和生产企业合作，2018 年以来完成多个低硫船燃配方样品的台架实验，排放水平均低于船舶国标二阶段污染物排放限值，硫氧化物排放明显低于高硫重质船用燃料油，实现了用优质清洁资源提供卓越动力，为船舶安全平稳航行保驾护航。

建成国内首座“油、氢、电”加油站

（广东石油）

氢能源是21世纪最具发展潜力的清洁能源，具有热值高、能量密度大、可储存、可再生、零污染等优势。佛山市是广东省氢能源发展的示范城市，鼓励加氢站与加油站、加气站或充电桩合并设置。

2017年12月，为顺应氢能源的发展趋势，广东石油主动与佛山市、云浮市开展战略合作，依托遍布全省城乡的油站网络、丰富的管理经验和专业人才队伍等优势，加快氢能源网点布局的步伐，为客户提供更方便、更多元的能源供应服务。

2019年7月1日，广东石油建成国内首座油氢合建站——中国石化佛山樟坑油氢合建站，这是国内首次采取“利用现有加油站改造为油氢合建站”模式开发的加氢站，还配备建设了充电设施，是全国首座集能源供给及连锁便利服务新型网点。

樟坑油氢合建站采取加油、加氢、充电分区管理方式，工作人员严格持证上岗和分区操作，安装了覆盖全站的24小时全天候、无死角安全监控系统，在控制柜、压缩机橇、卸气区、加氢区、储氢罐等多区域设置“一键立停”系统，确保设备运作过程中“本质安全”。

佛山樟坑油氢合建站

为氢燃料汽车加注氢气

至2020年年底，樟坑油氢合建站单日加氢能力达到500千克，主要服务周边使用氢燃料的公交线路及物流运输车队，氢燃料公交车加注一次只需要4分钟，可续航300千米，具有加注效率高、续航里程长、零污染、零碳排等优点。

第二章

能效提升实践

节约资源是我国的基本国策，国家实施节约与开发并举、把节约放在首位的能源资源发展战略。中国石化始终坚持“节能优先”方针，将节能作为第五能源，统筹谋划全局，严格控制能源消耗总量和强度，扎实推进能效提升计划，积极开展能效、水效对标活动，加强能源管理信息化，不断提升资源能源利用率，企业能效、水效处于行业领先水平。

推进资源全面节约和循环利用，实现生产系统和生活系统循环链接。

打好老油田能效提升“组合拳”

（胜利油田）

胜利油田是我国能源生产大户，同样也是能源消耗大户。每一吨原油从数千米的地下抽取到地上，经过多重处理，再通过管道输送到炼油企业。一路走来，每一个环节都需要消耗大量的能源。

老油田的降耗难题

经过数十年的高效开发，胜利油田主要油藏已进入特高含水期，能耗成本已占操作成本的近三成，系统配套与开发不适应的矛盾日渐突出，传统单体改造、局部治理模式，无法实现系统匹配最合理、工艺流程最优化、能源利用效率最大化，给可持续发展带来巨大压力。

有没有在保证原油产量的情况下，大幅减少能源消耗的良方？胜利人给出答案：有！

开出降耗组合方

胜利油田创新实施“以油藏为源头、以井筒为中枢、以地面为中心”的注采输区域一体化能效提升改造工程，实现系统综合能耗的降低。如果将注采输系统看成是一条战线，这条战线把地质、工艺、工程、生产、计划、技术部门等串联起来，由点到线及面，实现了从过去单兵作战到集团规模作战的巨大转变。在不断应用完善提升过程中，一套从油藏、工艺、注水、集输四个方面一起发力的“组合拳”——油田注采输一体化能效提升配套技术应运而生。

注采输系统要想降低能耗，必须从注水这第一个环节入手，降低无效注水，多采有效液量。胜利油田实施流场调整，通过提控组合方式，实现少注水、多采油。

通过优化注采结构遏制住注水这个能耗大头之后，把从地下到地面的井筒作为中枢，通过杆管泵、电机匹配优化，在满足油藏开发需求的基础上，提高采油系统举升效率。

油水混合物到了地面后，需要通过管线送到联合站进行油水分离处理。在这个环节，通过区域原油处理、注水能力整合优化，达到系统产量流与能量流的合理匹配。

现场应用高效节能设备

高频聚结分水装置应用现场

胜利油田在完成实验室、先导试验、扩大试验等系列研究之后，2016 年进入规模工业化应用，在全油田推广。截至 2018 年年底，共实施 10 个项目，吨油综合能耗成本下降 20.85 元。

油田注采输一体化能效提升配套技术的应用，使胜利油田成功遏制了能耗持续上升趋势，一年产液规模由 3.06 亿吨下降至 2.9 亿吨，机采、注水系统效率稳步提升，一年节电 2.4 亿千瓦时，折合标煤 2.95 万吨，连续五年实现能耗总量和强度持续下降。

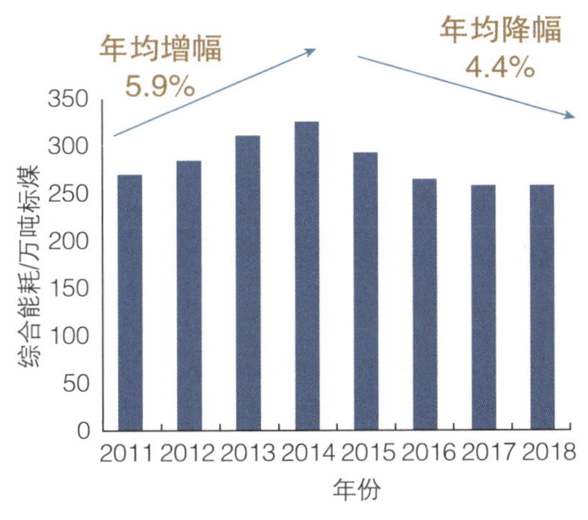

胜利油田综合能耗变化图

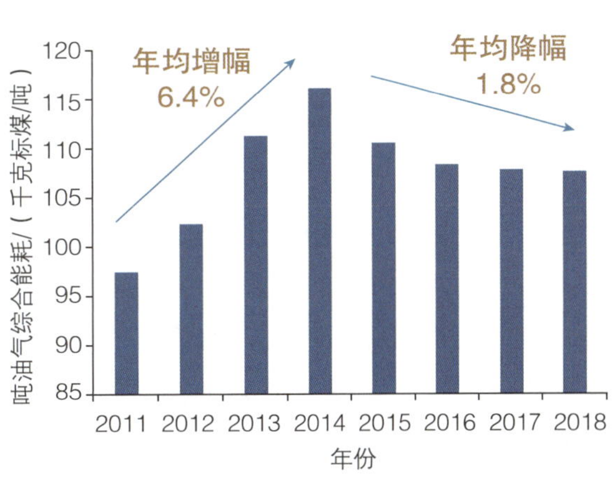

胜利油田吨油气综合能耗变化趋势

该技术获国家发明专利 8 项授权、实用新型专利 2 项，形成企业标准 21 项。其中东三联区域一体化能效提升工程荣获国家“双十佳”最佳节能实践，国家发改委已将其推介到由中国、美国、法国等 17 个国家组成的“国际能效合作伙伴关系（IPEEC）”组织。

网电钻机实现节能降耗减排

（胜利石油工程公司）

胜利石油工程公司为有效解决钻井工程依靠传统柴油作为动力燃料而带来的能耗高、污染重、成本高等问题，在中国石化率先进行网电钻机的研发和改造，先后研发出适合油田的系列网电钻机，并逐步配置到施工现场，为钻井施工提供高质量服务。

钻机“油改电”驱动降耗提效

与传统柴油机相比，网电钻机在全负荷下每天可减少柴油 13 吨，二氧化碳排放当量降低 45.8 吨。由于电机维护成本远低于柴油机组，因此在降低了动力成本的同时，还减少了维保费用和员工劳动强度。

2019 年开始，胜利石油工程公司加大了网电协调推进力度。截至 2020 年 7 月底，胜利东部油区中，网电钻机占比达到 87%，同比提高 96%；施工网电井位 308 口，网电施工占比达到 58%，同比提升 120%；单井成本同比降低 70 余万元，相当于减少 56 吨柴油能源消耗，减排二氧化硫 1.06 吨，劳动效率明显提高，既算好了经济账，又赢得了环保账。

网电钻机为一线井队撑起“安全绿伞”

与传统机械钻机相比，网电钻机采用的变频电机可实现无级变速，实现泥浆泵和绞车的分开控制，有效提高了钻井施工安全保障能力。同时，采用电力驱动，拓宽了泥浆泵的调节范围，提高了钻井处理复杂情况的能力，有效提升钻机安全保障能力。

网电钻机的使用大大降低了噪声污染，厂界噪声监测从 75 分贝降至不足 50 分贝，同时极大降低了废气等污染物排放，并可节约成本。截至 2020 年 12 月底，胜利石油工程公司国内共交网电施工井位 341 口，使用网电 4574 万千瓦时，以发 1 度电耗油 0.35 千克计算，减排碳氢化合物 45.74 吨、二氧化碳减排 160.1 吨，成本可节约 70%。

“渐进追赶” 打造炼油能效标杆

（青岛炼化）

2012 年起，青岛炼化在我国石油和化工行业重点耗能产品能效“领跑者”（原油加工组）评选中，始终位居排行榜第一名，连续 8 年获评“能效领跑者标杆企业”荣誉称号。

自 2008 年投产以来，青岛炼化秉承“全方位管理，多角度优化”的节能理念，以“渐进追赶”的管理模式和持之以恒的韧劲，走出了一条高效节能之路。

2020年万元产值能耗0.296吨标煤/万元，较2015年下降3.3%

2020年炼油综合能耗55.71千克标油/吨，较2015年下降2.4%

远见：未来竞争看节能

节能是生存之道，也是发展之要。

青岛炼化是中国石化最年轻的炼化企业之一，一直将节能作为提升企业竞争力的生存之道和可持续发展的绿色通行证。从设计之初就遵循节能理念，对总流程进行全方位节能评估和优化。本着对节能精益求精的追求，设计方案经过近 40 次的修改完善才最终确定，炼油综合能耗较最初设计值下降 10.6%。起跑线上的能量积蓄，为青岛炼化未来的能效领跑打下坚实基础。

投产运行不到 3 年时间，青岛炼化炼油综合能耗较建成时的设计值又下降了 20% 以上，能效提升飞速。公司的综合竞争力也逐步跻身亚太炼厂的先进行列。

高度：系统优化谋全局

不谋全局者，不足谋一域。

企业追求高能效也是如此。青岛炼化在节能之路上始终站在全局角度谋划，通过“能效提升计划实施、资源梯级利用优化、区域资源整合优化、单装置操作优化、多装置联合优化、公用工程系统优化”全面发力，降低能源消耗的同时提高能源利用效率。

利用企业装置紧凑集中的特点，突破装置区域管理思维，秉承整体能效最大化理念，主体生产装置间逐渐实现全部或绝大部分直供料、热供料，并针对重油管线直供料做好配套改造。2020 年，青岛炼化直供料比例达到 80% 以上，有效地利用了全厂低温位热能。

本着对能源物料“区分品质管理、科学合理使用”原则，有效提高了能源利用效率。同时，通过分子炼油理念，细化组分切割及流向，减少物料在系统中的循环，降低能源消耗。

创造性地实行全流程培训制度，培训技术人员应用流程模拟软件进行生产过程全流程优化测算。组建生产优化团队，开展培训和研讨，使员工从全流程优化的角度考虑如何做好节能工作。

深度：精细管理增效益

莫因利小而不为，莫让排小而不止。

随着节能工作的深入，青岛炼化节能管理方针从“抓大放小”逐步过渡到“抓大不放小”。

细化能效对标管理，至少每半年更新同类装置对标情况，按月开展对标分析，实时优化调整节能措施。通过开展节能管理调研交流、定期组织节能专题分析会等方式，不断查摆节能管理与技术问题。

推进先进节能技术落地实施。多年来，青岛炼化通过对标分析与技术攻关，优选并实施了 100 多个节能项目，累计节能投资超过 1.2 亿元，节能量超过 88 万吨标煤。

加强生产过程精细化管理。在现有装置运行条件下，节能工作主要靠优化操作、勤调微调、立查立改、减少漏损等管理措施。近年来，冬季气温回升日期提前，青岛炼化不断提前关停伴热的时间，精细化管理四两拨千斤的作用显而易见。

青岛炼化中央控制室

韧劲：渐进追赶求极致

事贵有恒，许进不许退。

青岛炼化创造性地建立全员“渐进追赶”能源管理模式，即学习同行业节能降耗领先企业的有效措施和“渐进追赶”的能效考核标准。

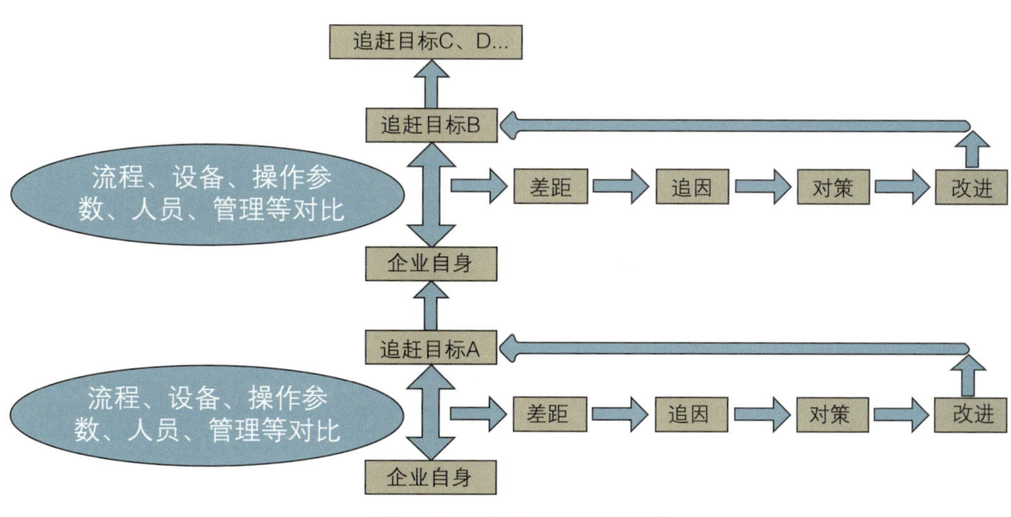

“渐进追赶”管理基本原理

在青岛炼化，节能不走回头路，节能工作许进不许退。通过资料收集、分析比较，制定每个装置每个运行部的能效指标，定期讲评、考核、总结，把创造的高指标作为下一个周期“渐进追赶”的基准指标。

2015 年，青岛炼化“渐进追赶”能源管理模式在国际能效合作伙伴关系组织成员国提交的节能技术和实践中荣膺国际“双十佳”最佳节能实践。青岛炼化成功的节能工作经验不仅创造了经济效益，更创造了广泛的社会效益。国内炼化企业及国际大型炼油企业 BP、巴斯夫、沙特阿美、哈萨克斯坦阿特劳炼厂等来到青岛炼化参观交流，为中国炼化工业走出去，参与“一带一路”建设作出了贡献。

乙烯能效领跑者是这样炼成的

（镇海炼化）

镇海炼化乙烯装置于 2010 年建成投产，自 2011 年以来连续五届绩效结果均位列全球乙烯装置（石脑油）第一群组，连续 8 年荣获中国石油与化学工业联合会颁发的“能效领跑者标杆企业（乙烯）”荣誉称号。

着眼全局，优化乙烯原料

镇海炼化采用“分子管理”理念，充分挖掘炼厂干气、饱和液化气、石脑油等资源，实现乙烯原料的多元化和轻质化。优化团队每周测算效益，对可供乙烯装置使用的 12 种原料、15 种原料组合进行效益排序和测算，并通过持续的滚动效益测算来指导生产经营。持续做好裂解深度控制，逐渐形成“日平衡、周优化、旬决策、月分析”的生产运营机制，乙烯主产品收率持续提升。2019 年，公司生产乙烯 115 万吨，高附加值产品收率 62.89%，综合能耗 575.1 千克标油 / 吨乙烯，吨乙烯原料成本、综合能耗等装置关键绩效指标均创历史最高水平，保持行业先进。

镇海炼化乙烯装置

研发软件，实施在线实时优化

镇海炼化合作研发“裂解炉裂解深度控制与实时优化软件”（APC+RTO）项目。RTO 根据原料质量、裂解炉运行周期、价格体系等变化自动计算最优值，APC 自动执行调整。通过对比测算，在装置总投料负荷不变的情况下，乙烯等高附加值产品在产量提高的同时能耗下降，乙烯能耗从 2015 年的 834.01 千克标煤 / 吨逐年下降到 2019 年的 821.57 千克标煤 / 吨。

优化改造，确保长周期运行

近年来，镇海炼化相继对 11 台乙烯裂解炉进行了低温热利用项目改造，节能效果明显，合计年节能量超过 1 万吨标煤。

除改造项目外，保证长周期运行是一种简便安全的节能方式。为此，镇海炼化与北京化工研究院合作，优化乙烯裂解炉烧焦工序，通过实时检测烧焦气中 CO_2、CO、O_2 数据变化，确保烧焦过程可控、炉管不超温、烧焦完全。2018 年 10 月，乙烯裂解炉上启用自主研发的新型热电偶套管，精确控制裂解炉出口温度，使运行周期延长 10 天，循环乙烷炉运行周期控制在 150 天左右，在行业内保持较高水平。乙烯裂解炉烧焦时间由原来的 39 小时缩短为 24 小时，减少了燃料气和稀释蒸汽用量，每台裂解炉一次烧焦可节省约 27 吨标煤，正常情况下，每年裂解炉烧焦约 45 台次，合计每年每台裂解炉可节省约 1215 吨标煤。

提标改造，提高裂解炉燃烧效率

为实现裂解炉排放指标满足并低于国家最新环保标准，镇海炼化开展技术攻关，对乙烯裂解炉燃烧器进行提标改造。镇海炼化 11 台乙烯裂解炉共计 1244 台燃烧器，优化团队对每一组燃烧器高度、角度、朝向等进行了深入了解和探讨，制定出有针对性的改造方案。2019 年，11 台裂解炉全部完成改造，裂解炉烟气中氮氧化物均维持在 60~70 毫克 / 立方米，同比改造前降低了 35% 以上，全年可降低氮氧化物排放 143.1 吨。改造后，裂解炉燃烧器效率提高，11 台裂解炉全年可节省 1.18 万吨标煤。

源头控制　领跑对二甲苯能效

（海南炼化）

阳光海滩、椰风树影、水清沙白，坐落于美丽的海南岛，海南炼化拥有得天独厚的地理优势，同时也面临巨大的生态环境保护责任。

我国第一套自主知识产权的 60 万吨 / 年国产对二甲苯联合装置自 2013 年 12 月 27 日在海南炼化建成投产以来，综合能耗始终居全国领先，荣获 2015 年度国家科技进步特等奖，并蝉联对二甲苯装置“能效领跑者”称号。

海南炼化对二甲苯装置

以节能降耗为目标，取长补短

海南炼化将能耗领先作为主要目标之一，结合自身特点，开展降低加热炉排烟温度等节能改造项目，应用抗露点腐蚀新型材料，使排烟温度降低到 95℃以下，创造了同类装置烟气低温排放世界新纪录，加热炉效率提高到 94% 以上，大幅降低了燃料气使用。

以整体设计统一布局，控制源头

海南炼化在芳烃项目建设全过程牢牢树立节能降耗理念，从顶层设计入手，层层把控，整体优化联合装置，以热量集成为核心，采取一系列节能措施，从源头降低能耗，节能工作在装置建设阶段即先人一步。回收塔顶、塔釜物料热量，作为其他精馏塔再沸器热源，实现装置高度热联合，大幅降低了联合装置燃料消耗。仅二甲苯单元的燃料消耗比集团公司平均水平低 0.1 吨 / 吨 PX，降低能耗约 143 千克标煤 / 吨 PX。

以余热利用为重点，攻坚克难

芳烃装置余热丰富，但资源分散、品位低，难以回收、更难以利用。海南炼化从改变工艺入手，回收塔顶油气余热，产生 0.45 兆帕蒸汽用于发电；对于温位更低的工艺余热，设置热媒水循环系统取代空冷器，通过低压蒸汽产生 118℃热水用于发电。低压蒸汽发电和低温热水发电两项措施，实现了低品位热量全面利用的新突破。海南炼化 60 万吨 / 年芳烃联合装置正是以节能的关键点和重点为突破口，全过程全方位控能和回收能量，不仅整体不耗电，还对外输电、创造效益，能耗水平达到全国领先。

芳烃装置低压发电机组

以碧海蓝天为己任，精细管理

保护海南岛的碧水蓝天是海南炼化的重大责任。为此，海南炼化提升精细管理水平，采用含油污水井盖封堵、收油方式创新、含油污水池排气口增加活性炭吸附罐、持续开展 LDAR 检测等措施，不断强化异味治理工作；完成清污分流设施施工，有效提升了暴雨等极端天气时含油雨水系统抗冲击能力；持续做好现场泄漏全面检查工作，加强装置污水减排管理，严控火炬燃排。

2018 年大检修期间，通过更换催化剂种类，优化加工过程用能结构，降低装置蒸汽消耗，实现节能降耗目的。2020 年，受疫情和市场影响，装置低负荷运行，通过优化燃料结构，适当降低主要精馏塔塔顶操作压力，降低回流比，减少加热炉燃料气消耗，达到节能创效的目的。

新模式助力用能大户“变身”节能先锋

（中石化节能技术服务有限公司）

“真没想到，芳烃装置以前是公司能耗大户，现在却成了节能先锋，这个‘项目’真是效果显著”。2020 年 2 月，金陵石化技术部工作人员对比近期公司各装置能耗数据，不禁纷纷点赞。这个“项目”是炼化工程集团中石化节能技术服务有限公司（简称节能公司）投资建设的金陵石化芳烃节能改造及低温热水综合利用合同能源管理项目。该项目 2020 年建成投用以来运行稳定，芳烃装置能耗同比降低 25.8 千克标油 / 吨，部分装置低压蒸汽消耗大幅下降，实现了节能与减排有机统一。

合同能源管理是以契约形式约定节能目标进行效益分享的合作模式，企业无须承担项目投资，用节能效益偿还投资；节能公司享受国家税收和财政的双重优惠，实现企业与节能公司的共赢。

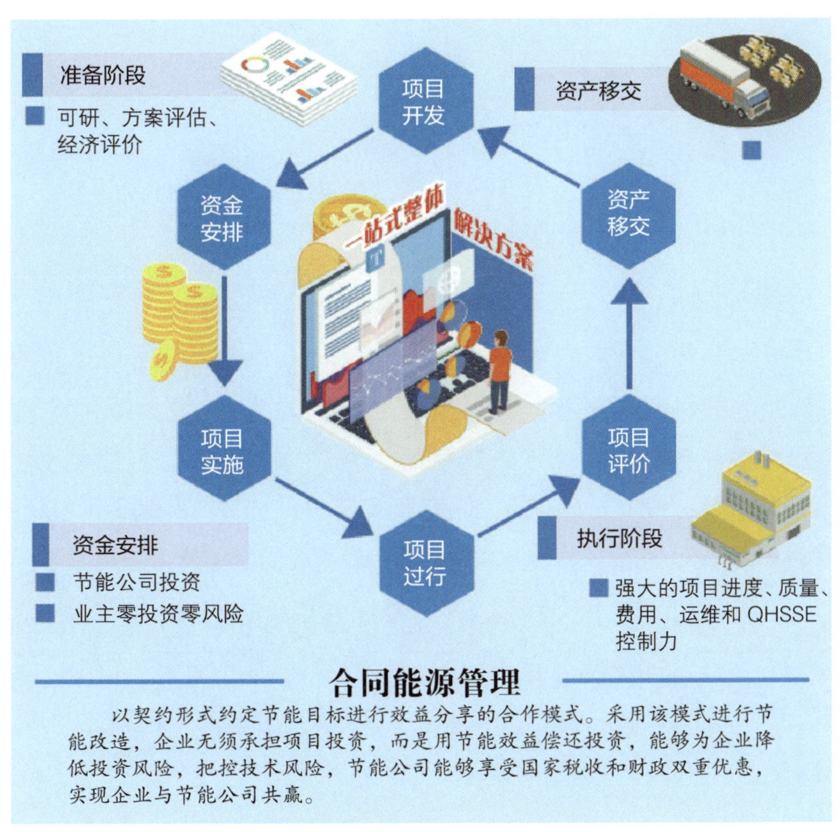

金陵芳烃合同能源管理项目的核心技术在于芳烃装置低温热的取用，并在芳烃装置与用热装置之间建立了热媒水系统。节能公司和金陵石化组成联合项目部，充分发挥各自优势对项目进行统一管理，避免了管理层级多、立场和站位不同、多头管理引发的各类问题，大大提高了管理和决策效率，确保项目建设进度。依托炼化工程集团一体化优势提供的一站式服务，仅用了 5 个月就完成从项目开工到投用。工程公司和建设公司人员全程参与项目关键控制点和现场技术、质量、安全管理，保证了项目高质量推进。项目建设期间实现 33.87 万安全人工时，顺利完成“零事故”目标任务。

中石化节能公司于 2012 年 1 月获批成为国家发改委、财政部第四批备案并享受国家财政奖励的节能服务公司，承担的合同能源管理项目多次获得中央财政及北京市、上海市、山东省财政奖励。其中，燕山石化炼油三厂酮苯脱蜡装置加热炉节能改造合同能源管理项目、燕山石化化工七厂 T1102 塔釜新增再沸器回收溶剂余热改造合同能源管理项目，成为首批获得国家合同能源管理财政奖励项目，也是中国节能协会节能服务产业委员会认定的合同能源管理优秀示范项目。

2017 年至 2020 年，节能公司在集团系统内 17 家企业共实施 35 项合同能源管理项目，总投资额约 4 亿元，每年节能 10.5 万吨标煤，相当于减排 27 万吨 CO_2 当量。

建设能源管理系统　赋能全流程管理

（上海石化）

为实现“能效最大化，能流可视化，在线可优化”的目标，上海石化率先试点能源管理系统建设，从 2019 年 4 月起试运行，于 2019 年 8 月 1 日正式上线运行，各能源业务岗位参与其中，关键用户严格把关，通过高密度的最终用户操作测试，不断优化改进，系统的可用性和稳定性逐步得到提升和完善。

能源数据说得清，管得住

通过建立完整的能源供、产、转、输、耗模型，完成能源产耗数据的收集、确认和平衡工作，形成完整的能源产耗统计数据；实现了从公司、工厂、车间、装置能源数据说得清，能源指标说得清，能源计量说得清。

经过项目前期集中对接交流，将公司能源管理业务流程融入系统建设的标准流程中进行固化，覆盖了全厂的产能与用能装置，形成了 15 个能源管理业务标准流程，最终实现了全公司能源生产、存储、转换、输送、消耗全流程管理，实现了能源管理从计划编制、生产运行、统计核算、评价分析和能源优化过程的管控。

蒸汽输送效率高，省得下

上海石化作为沿江企业，严格控制煤炭用量。通过能源管理系统中蒸汽动力优化的应用，量化蒸汽管网系统任一工况，及时、全面、准确提供蒸汽管网运行参数，辅助管理人员科学调度、优化管网输送方案，减少蒸汽损耗，并且可在当前能源价格市场环境下，以系统的实际运行成本最小化作为目标，寻找最优的能流流经系统方式，降低燃料总成本，减少环境污染。

能源管理系统正式上线以来，已经贯通完整的能源业务流程，为企业的能源产耗提供了数据支持。统计平衡及指标核算取代原有的系统并整合了物料系统的数据，大大提高了统计工作效率，实现了生产统计的月平衡。弥合了企业管理层和生产过程控制层之间信息及时传递的间隙，并进一步对数据进行处理、提炼、整理，管理人员可方便检索到重要的生产信息，极大提升了数据信息的传递速度，有效提升了公司的生产精细化管理水平。同时加强了不同业务部门之间的协同工作能力，统一了数据源，实现了计量与统计数据源的一致性，简化了工作程序，大大提高了工作效率。

上海石化中压 3.5 兆帕蒸汽管网两条管线存在流速分布不均、部分管段流速偏慢的输送瓶颈，通过管网优化定量分析后，每年减少热损失 23107 吉焦，产生效益 77 万元。通过对锅炉产汽负荷进行重新分配，平均每小时节约燃料成本 550 元，以年实操 2000 小时计算，预计每年可产生效益 110 万元。

乙烯行业水效领跑者　实现水资源高效循环利用

（燕山石化）

北京是极度缺水的城市，燕山石化从 2002 年开始，其乙烯装置就从做大产能的发展模式转变为节能高效的发展模式，以循环经济理念为指导，在能效提升和水资源高效循环利用方面做出积极探索。2019 年到 2020 年，装置高附加值产品能耗和加工损失率同比降低，收率同比提高；2019 年乙烯装置取水量 5.66 立方米 / 吨，重复利用率达 98.49%。2020 年，燕山石化被评为乙烯行业水效领跑者，成为北京市唯一一家入选的重点用水企业。

燕山石化金燕湖

把准优化管理指南针，实现提质增效

燕山石化乙烯装置在保障长周期、高负荷运行的同时，进行降低异味排放、减少环境污染改造，不断强化管理机制，取得了显著成效。节水工作坚持上下联动推进，每年下达水量考核指标，层层分解、逐级落实，狠抓效果。加强新鲜水泄漏治理，日常巡检中，消除“跑冒滴漏”现象，减少新鲜水损失；加强循环水管理，对循环水水质实施严细化、智能化管理，提高循环水的浓缩倍数，降低补充水用量；加强装置换热器管理，组建专业化管理团队，对水冷器现场运行情况定期监控，减少泄漏，对出现泄漏的水冷器立即安排检修，减少循环水排污水量，节约新鲜水用量。

聚焦项目实效关键点，推进新技术应用

通过实施多项技术改造工作，加快推进新技术、新设备的应用，装置运行水平不断提升。燕山石化采用余热综合利用、汽机凝液及加热设备凝结水回用、双膜法制取再生水替代新鲜水等多项节水新技术，提高了工业水重复利用率和能量利用率。

实施余热综合利用，用余热输出替代供暖蒸汽，将 30℃的低温回水，进入化工厂取热，回收急冷水余热，推进“热泵技术的生产装置低温及废热综合利用成套技术开发”技术实施落地。对燕山石化北庄生活区的热力站进行蒸汽替代改造，进一步提升余热利用效率。项目实施后，整个采暖季节省蒸汽 74487 吨，实现了化工厂余热热量输出 254000 吉焦，项目总节能量 10164 吨标煤。

加快节水项目实施，推进项目落地见效。2018 年燕化公司对供乙烯装置的循环水厂进行“智能化样板水厂”改造，按照样板循环水厂标准整体提升，实现了流量、压力、温度和电量等生产运行参数，以及电机电流和温度等机泵状态参数的数据远传，增加了关键水质数据的在线监控等智能化、信息化技术。

燕山石化水资源重复利用率处于行业领先水平，以有限水资源创造了无限水循环。

实施成套技术　促进循环水系统节水减排

（天津石化）

天津石化原有 9 套循环水系统，总循环量近 10 万吨 / 小时，年耗水量超过 1000 万吨，是企业的用水大户。随着天津石化 100 万吨乙烯炼化一体化大项目的建设，为解决循环水系统数量和循环量增加、系统浓缩倍数不高、补水水源多样化、水质劣化等难题，天津石化从多方面采取措施，形成了循环水系统多水源、高浓缩倍数成套技术，既能高浓缩倍数运行，又保证水处理效果。

天津石化乙烯装置外景

提高浓缩倍数

2014 年以来，天津石化通过采用具有环境友好、易于生物分解、缓蚀、阻垢、分散性能优良的高效缓蚀阻垢药剂，为提高浓缩倍数提供保证。根据“系统着眼，按质用水，一水多用”的节水原则，开发工业水多水源优化分配技术，建立工业水系统的多水源优化分配模型，通过调节各水源的补水比例，合理提高浓缩倍数，降低系统补水量，实时计算并输出工业水系统的多水源优化分配方案。工业水系统

循环水自动加药装置

逐步实现专业化、精细化管理，降低了运行成本，实现了水资源综合利用的优化管理。

针对热电部、烯烃部等循环水系统补水碱度、硬度较高的问题，天津石化提出在提高药剂缓蚀阻垢效果的基础上进行现场加酸调节碱度的解决方案，保证循环冷却水高浓缩倍数运行。同时，进行循环水系统旁滤改造，减少排污损失，使得反洗耗水由过滤处理量的 3%~5% 下降到 1%。

污水回用

在保证水处理效果的前提下，天津石化通过调整水处理方案，利用絮凝、过滤、沉淀、电渗析设备（CRP）除去装置污水的悬浮物、无机物，采用双膜法污水深度处理技术，达到补充水水质要求，边沟污水作为部分补充水直接回用到循环水系统中，替代了部分新鲜水，节水效果明显。

提升在线质量监测水平

分散的循环冷却水系统生产和管理信息收集困难，传递反馈慢，制约了循环水系统运行管理水平的同步提高，并且传统的人工监测、加药难以精确控制，容易造成不必要的浪费，使水处理效果不稳定。天津石化通过建立循环冷却水系统运行管理平台，利用水务信息化集成技术，建立起循环冷却水运行效果在线辅助支持系统，以信息化支撑循环冷却水系统开展运行优化，提高了循环冷却水系统的整体运行管理水平。

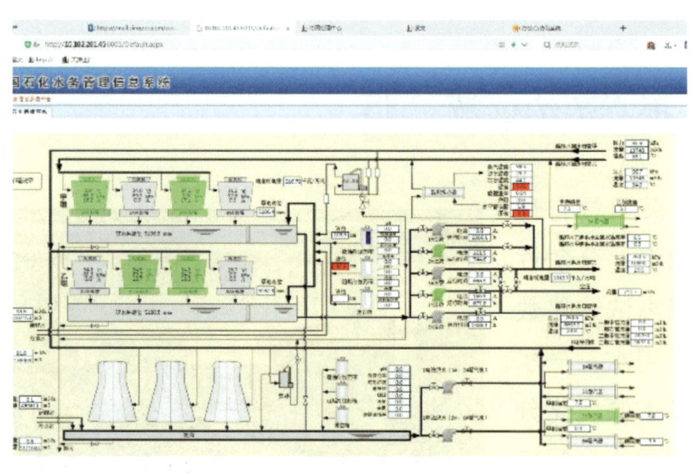
水务信息系统

通过循环水系统多水源、高浓缩倍数成套技术的应用，浓缩倍数由平均 3 倍提高到 5 倍，补充水量减少 17%，全年节约补充水约 136 万吨，节约新鲜水 280 万吨，为下一步智慧水务系统的开发提供保证，具有较好的经济和社会效益。

集成城市污水处理技术　实现企业中水回用

（石家庄炼化）

石家庄炼化地处严重缺水的华北地区，节约用水和再生水利用一直面临严峻挑战。提高公司污水场达标污水回用率，同时更多地引入城市污水场中水加以回用，是石家庄炼化实现节约新鲜水目标的必由之路。

为解决石化行业废水回用率低、废水回用处理中反渗透浓水排放量大、膜污染严重等难题，石家庄炼化经充分论证采用大连石油化工研究院自主研发的城市达标污水利用成套技术，通过集成创新，将城市污水以及企业终端污水处理场的污水作为第二水源，经处理后达到了资源化回用。

石家庄市桥东污水处理场除接收城镇居民生活污水外，还接收较高比例的工业终端污水，由于水质波动大，并且废水中含有难降解有机物和容易产生结垢的离子，极易在膜表面结垢、污堵，降低膜通量、系统产水量和回收率，造成系统无法稳定运行，处理后 COD 约为 120 毫克 / 升左右，无法达到回用水水质要求，污水回用率低。

本套工艺针对市政及炼化废水特点，开发了以混凝、高密澄清为预处理，臭氧催化氧化 – 生物膜耦合为核心的城市达标污水利用成套技术（实际因来水水质向好，未建设臭氧催化氧化 – 生物膜耦合部分设施），降低了污水处理场来水波动对双膜冲击的影响，将废水中的 COD 降低到 50 毫克 / 升以下，废水经处理后基本能够达到双膜进水水质要求，出水达到一级化学水标准，回用作企业化学水。

高密池

反渗透装置

该项目 2014 年年底开始运行，设计水量 500 吨 / 小时，截至 2020 年年底，项目保持稳定运行。装置整体水回收率在 70% 以上；系统脱盐率在 97% 以上，出水未检测到氨氮；年处理中水量 432 万吨，每年节约用水约 302.4 万吨，年减少废水排放量约 280 万吨，削减废水中的有机污染物排放量约 130 吨、氨氮排放量 33.6 吨，COD 排放量约 112 吨。

第三章

打好污染防治攻坚战实践

中国石化全力打好污染防治攻坚战，实施燃煤锅炉超低排放改造、VOCs专项治理等项目，坚决打赢蓝天保卫战；实施污水场提标改造，加大污水回用力度，推进煤化工企业实现废水近零排放，深入打好碧水保卫战；实施固废减量化、资源化、无害化治理项目，试点开展土壤及地下水修复，有序推进净土保卫战。

要让居民望得见山、看得见水、记得住乡愁。

蓝天保卫战

燃煤、燃油锅炉彻底清零

（胜利油田）

2017 年 9 月 28 日，历时 7 个月，胜利油田 564 台燃煤、燃油锅炉彻底关停清零。这是胜利油田践行“绿水青山就是金山银山”绿色发展观而开展的一场深刻的绿色发展改革行动。

2017 年 2 月 28 日，环境保护部发布《京津冀及周边地区 2017 年大气污染防治工作方案》，明确要求 10 月底前“2+26”区域完成燃煤小锅炉“清零”工作。涉及胜利油田分布在东营、淄博、滨州、济南、潍坊等 5 个地级市行政区域，生产战线广、治理难度大。因油藏类型复杂、原油物性多样，采油井口、输油管线的升温伴输在原油生产环节中必不可少，而燃煤、燃油锅炉运行成本相对较低，应用普遍。

部门联动提速提效

“提高政治站位、强化责任担当”。为响应“绿色发展”号召，积极履行政治责任、社会责任，胜利人掷地有声，明确完成治理时间要比国家规定期限提前一个月。第一时间成立“燃煤锅炉改造工作领导小组”，由主管副总经理任组长，工程技术、生产运行、财务资产、投资规划、安全环保、地面建设、物资供应、油气开发等多部门组合推进，全面摸排、目标导向、倒排工期、挂图作战。

推行“联动机制”保衔接，突出合理分工、责任压实，强化组织运行、强化工作衔接、强化问题协调，严格把控进展，保障规范合理运行。

建立“绿色通道”提速提效，形成业务流程并行并轨机制，确保运行提效，在保障合法合规的前提下，最大限度加快实施运行，可研方案全流程运行速度从以前的 4 个月优化至 1.5 个月。

“快、优、实”多点发力

既要保障“2+26”区域全面治理，还将区域外的 366 台一并纳入；既要保证资金投入，又要兼顾效益回报。胜利油田直面困难挑战，治理效果与效益并重，保障节点与持续长效并举，不断探索，多点发力。

地面流程串接优化“快”。对加热点附近有高液井资源的，优化改造地面流程，实现高液带低液串接合走；对地面有掺水管网的，改造地面流程引入掺水资源，实现掺水伴输；将矿区取暖接入市政供暖。三步齐走快速打倒燃煤（油）小锅炉。

替代加热技术“优”。针对地面流程无法串接优化的问题，统筹考虑一次性投入、运行成本、技术适用性等各方面因素，从燃气和用电中优选替代方式；针对地处偏远的零散单井、附近无气源的油井，综合对比井筒化学降黏和电加热技术的可靠性、经济性，从中优选替代方式。

现场销号验收“实”。结合区域、炉型差异，分类明确现场验收原则，对停用锅炉执行拆除移走或炉膛口封堵、落灰口封焊等措施；对燃气、用电清洁能源替代改造的锅炉，要求现场无燃煤、生物燃料、燃油。4 天时间，油田组织精干力量跨越 5 个地市，改造锅炉逐台查验、拍照、存档，确保销号验收经得起历史检验。

“减、改、治”达到最严指标

2018 年，国家及山东省政府环保部门再次出台关于大气污染防治工作新政策，2020 年 9 月，中国石化发布总经理 1 号令，要求重点区域氮氧化物排放浓度控制在 70 毫克 / 立方米以内，以最严指标保证企业绿色发展走在前列。

面对污染防治的再一次攻坚，胜利油田明确“减、改、治”整理思路，迅速启动燃气加热炉达标改造工程。

优先源头压减在用数量。积极探索不加热输送潜力摸排，优先实施直接关停、加药关停等措施；开展区域性地面流程串并改造，利用高液携带、掺水伴输、串并合走、混输加压等措施解决现有生产问题，进一步扩大燃气加热炉压减规模。

开展加热工艺转型优化。对无法实现不加热输送、不具备区域性地面流程串并改造条件的，实施电热、新能源替代改造。

实施低氮燃烧技术攻关。剖析小型燃气加热炉燃烧状态、氮氧化物生成原理等技术，研发适用于小型燃气加热炉的低氮燃烧器，以满足达标排放目标。

截至 2020 年年底，胜利油田 4000 余台需治理的燃气加热炉已全部完成改造工作量，氮氧化物排放指标全面达到最严指标要求。

烟囱为啥不冒烟

（广州石化）

“珠江河畔，大田山下，绿树花丛绕厂房；塔罐林立，明珠闪亮，这是我们的石油化工总厂……”这是广州石化的厂歌。

在广州石化人心中，一直有一个蓝天梦。这个蓝天梦并不遥远，在广州石化，设备飞转、运行忙碌，但烟囱高耸不冒烟，这得益于应用“超洁净排放”技术。

烟气超洁净指标比国家规定提前 6 年

2014 年 2 月，广州市推出《燃煤电厂“超洁净排放”改造工作方案》(“50355”工程)，要求在 2015 年 7 月 1 日前燃煤电厂实现超洁净排放。广州石化积极响应政府要求，率先开展燃煤锅炉“超洁净排放”工作。选用“烟气循环流化床半干法脱硫技术结合布袋除尘器”进行脱硫和除尘，“低氮燃烧器加选择性非催化还原及选择性催化还原组合技术”进行脱硝。

2014 年下半年，两台 CFB 锅炉和两台煤粉炉完成了脱硫脱硝除尘改造，烟气排放氮氧化物浓度小于 50 毫克 / 标立方米、二氧化硫浓度小于 35 毫克 / 标立方米、烟尘浓度小于 5 毫克 / 标立方米，稳定达到超洁净排放标准，成为中国石化首家锅炉“超洁净排放”的单位，锅炉燃煤机组烟气排放指标领先全国，达超洁净指标比国家规定提前了 6 年。

经过几年的运行验证，广州石化两台 CFB 锅炉及两台煤粉炉完全稳定达到超洁净排放标准，成为全国第一家“大型 CFB 锅炉 + 半干法脱硫工艺”实现超低排放的企业，获得了 1400 多万元的政府奖励。

中国与国际燃煤电厂氮氧化物、二氧化硫和烟尘的排放标准比较，中国比美国、欧盟更严格，与日本相当。

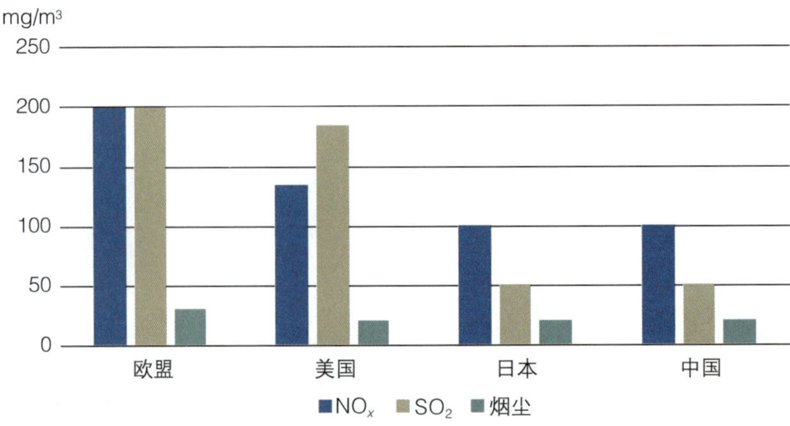

广州石化与国家标准、北京市、上海市和广州市燃煤电厂氮氧化物、二氧化硫和烟尘的排放标准对比，广州石化更为先进。

单位：mg/m^3

项目		NO_x	SO_2	烟尘
国家（重点区域）	燃煤锅炉	100	50	20
	燃气锅炉	100	35	5
北京市 [高污染燃料禁燃区（内 / 外）]		80/150	10/20	5/10
上海市 [燃气锅炉 2020 年（前 / 后）]		150/50	20/10	20/10
广州市		50	35	5
广州石化 5 年平均排放值		**21.9**	**2.2**	**1.3**

（国标和地方标准 2014—2020）

率先实现密闭除焦 打造无异味工厂

（镇海炼化）

镇海炼化 2013 年 2 月开展焦化装置环保提升技术攻关，联合洛阳工程有限公司、洛阳涧光石化设备有限公司等单位共同研发安全环保型延迟焦化密闭除焦、输送及存储成套技术，2015 年 5 月，Ⅱ套延迟焦化装置密闭除焦项目主体设备全部安装完成并投用，该系统平稳运行约 2 年，在具备脱水仓密闭加盖条件后于 2017 年 9 月实施料仓加盖，2017 年 12 月全部完成该项目施工并投用。

镇海炼化密闭除焦

技术路线

镇海炼化Ⅱ套延迟焦化装置密闭除焦技术，以破碎机、螺旋提升机、皮带传送系统为主要核心设备，代替以前的行车抓焦，从而进一步将焦池密闭化。整个石油焦除焦、输送过程完全在一个密闭的空间中进行。密闭脱水仓、除焦过程中产生的尾气经过文丘里洗涤器去除焦粉，尾气与洗涤水混合进入尾气洗涤脱硫塔下部；试压操作后的焦炭塔尾气经喷射冷凝器冷却后进入洗涤脱硫塔下部。混合气体经过塔内进料段气液分离后，尾气上升至脱硫段脱除硫化氢等恶臭气体。净化后尾气通过风机抽出后送至加热炉，和空气一起进入加热炉燃烧后排放。

密闭除焦尾气的主要成分包括空气、水蒸气、少量恶臭性气体 H_2S、焦粉及极少量轻烃；净化后尾气符合《石油炼制工业污染物排放标准》（GB 31570—2015）和《恶臭污染物排放标准》（GB 14554—1993）的排放要求：（1）颗粒物≤ 20 毫克 / 立方米；（2）H_2S 排放量≤ 0.33 千克 / 小时；（3）非甲烷总烃类≤ 60 毫克 / 立方米，脱除率 > 97%。

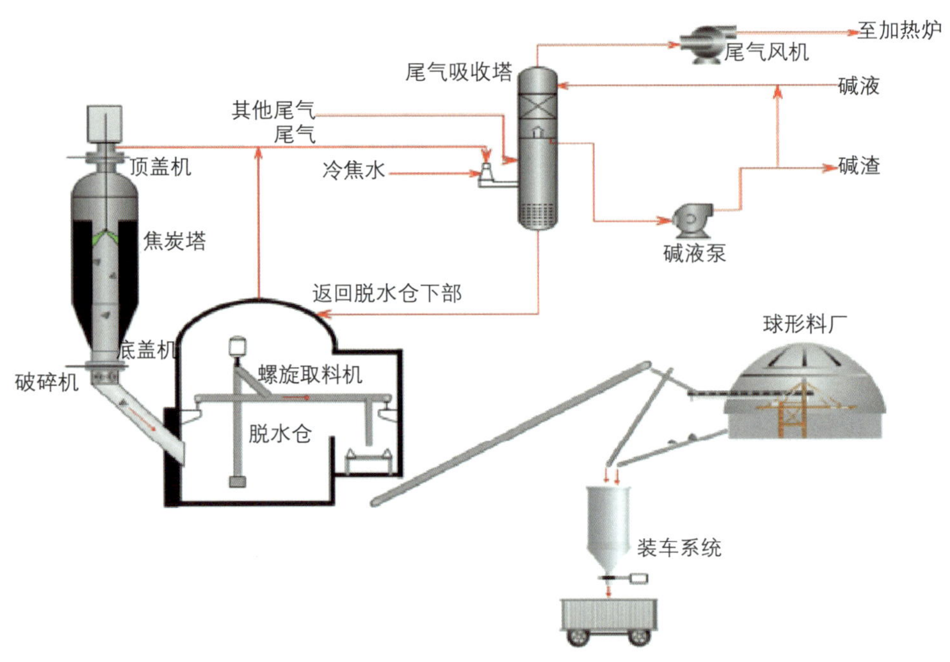

密闭除焦总体技术路线

项目投用效果

2018 年 11 月 21 日，该攻关项目“安全环保型延迟焦化密闭除焦、输送及存储成套技术”顺利通过鉴定。该项目已申请 22 项专利，授权 16 项，形成 5 项中国石化专有技术，处于国际领先水平。已在镇海炼化、塔河炼化焦化装置成功运用，运行平稳可靠，实现了石油焦处理全过程密闭、清洁和安全生产操作，改善了焦化装置及周边区域环境。

全面治大气　绩效创 A 级

（天津石化）

2019 年，天津石化获得生态环境部评定的国内石化行业第一家重污染天气应急绩效评级 A 级企业，重污染天气下 A 级企业可保持正常负荷生产，为全行业提标改造升级转型、保持先进的环境绩效提供了经验。

延迟焦化装置密闭除焦

采用中国石化自主研发的安全环保型延迟焦化密闭除焦、输送及存储成套技术，实现延迟焦化装置密闭除焦，极大改善了焦化装置现场环境，减少 VOCs 及粉尘无组织排放。

燃煤电厂达燃气电厂排放标准

完成在役 7 台锅炉超净排放改造，总投资 3.1 亿元，对原有石灰石－石膏湿脱硫装置加高脱硫塔并增加喷淋层，在脱硫塔尾部安装一台湿式静电除尘器，SNCR+SCR 组合脱硝，实现了超净排放，烟气中 NO_x 小于 50 毫克 / 标立方米，SO_2 小于 20 毫克 / 标立方米，烟尘小于 5 毫克 / 标立方米。

两级膜分离 + 变压吸附 VOCs 治理装置

完成 VOCs 综合治理

全面升级储罐 VOCs 治理。天津石化对涉苯储罐（苯、甲苯、二甲苯、石脑油）增加油气回收设施；对柴油加氢精制原料储罐、减顶油储罐、航煤加氢原料储罐、污油罐顶油气密闭收集，引入低压瓦斯管网回收利用；将乙烯废碱储罐罐顶气引入裂解炉焚烧。处理后 VOCs、苯、甲苯、二甲苯排放浓度以及 VOCs 去除率满足 A 级企业评价指标要求。

油品装卸过程 VOCs 治理。投资 3790 万元，对航煤火车装车栈台新建大鹤管密闭定量装车系统及油气回收设施。近 50 个苯、甲苯、二甲苯、抽余油、溶剂油等油品汽车装车鹤位在油气回收装置基础上，增加变压吸附设施，处理后 VOCs、苯、甲苯、二甲苯排放浓度分别小于 80 毫克 / 立方米、4 毫克 / 立方米、15 毫克 / 立方米、20 毫克 / 立方米。

污水集输及处理系统 VOCs 治理。对污水处理系统各个隔油池、气浮池、均质罐等 VOCs 含量较高的废气采用“脱硫及总烃浓度均化 – 催化燃烧”法处理；采用“洗涤塔 + 生物催化氧化床”组合工艺处理 VOCs 含量较低的废气；污水池盖板全部更换为不锈钢密封盖板，配备 U 形管负压计，监测池体内部压力，保持池体微负压；污水汽提装置原料水罐顶气送瓦斯管网回收利用，VOCs 逸散明显降低。

工艺有组织废气 VOCs 治理。将炼油重整再生尾气引入重整抽提装置圆筒炉焚烧处理，气分装置脱硫醇尾气引入柴油加氢加热炉燃烧，VOCs 排放浓度小于 20 毫克 / 立方米。

汽油火车栈台吸收 + 膜分离 + 变压吸附 VOCs 治理装置

污水处理系统脱硫及总烃浓度均化 – 催化燃烧废气治理装置

可移动油气回收橇装设备

深化 LDAR 工作

天津石化 2014 年 6 月开始 LDAR 工作，是行业内首家试点企业。企业将涉 VOCs 装置全部纳入检测范围，对重点易泄漏装置，泄漏判定标准由排放小于 500ppm 提升至 400ppm，并要求泄漏点 5 日内首次修复，严重泄漏点 24 小时内修复，在停工检修时完成因技术或安全风险等点位修复。2020 年对所有涉 VOCs 装置全面实施定力矩紧固技术，减少法兰连接的无组织泄漏，确保 VOCs 排放小于 200ppm。

运输车标准全面提升

在 2019 年 12 月底，所有危险化学品、货品运输车辆替换为国 V 及以上标准；自有非道路移动机械全部实现电动车或满足三阶段排放要求；外来施工的非道路移动机械，要求必须满足电动或三阶段排放要求；投用车牌识别系统，实现了运输车辆规范化、制度化管理。

打造边界 VOCs 达最严环保标准的样板

（上海石化）

上海石化坚持实施精益管理，有力促进“企地联动”，打造出化工企业保卫蓝天的样板，2020 年，上海石化区域环境 36 类 VOCs 浓度均值为 99.1 微克 / 立方米，较 2019 年下降 26.92%，提前 3 年达到上海市对化工园区的最严环保标准。

标本兼治提升“硬实力”

改造环保设施“净”废气、回收利用资源“收”废气、引进先进技术“查”废气、源头精细管理“控”废气。

2015 年至今，上海石化实施热电联产机组超低排放改造、硫黄液硫脱气系统改造、烯烃开工锅炉烟气脱硫脱硝及加热炉低氮燃烧改造、水务部污水处理场异味隐患治理、2 号焦化装置密闭除焦、VOCs 治理设施提效和完善、油品清洁化改造、落后设备淘汰等项目，实现了电厂锅炉烟气超洁净排放；硫黄装置、烯烃部开工锅炉、加热炉大气污染物排放大幅削减；污水处理装置异味降低，生产现场及周边环境明显改善。

精益管理提高“软实力”

强化“管生产必须管环保”理念，创新精细管控模式，坚持生产过程清洁化管控。

把环保装置作为重要生产装置严格管理，主要环保指标列入工艺管理体系；把环保设备纳入重要生产设备管理，完善巡检、维护及检维修等日常管理要求，确保环保设备完好；开展环保设施专项督查，保障环保设施稳定运行。

引进“绿色工艺”，强化生产工艺技术管理，做优做精设备管理，配套科学的管理体系，有效控制设备设施运行工况，保障装置“安稳长满优”运行，固化环保成效，本质环保水平日益提升。

深化绿色发展意识，“万员行动”投身环保。2018 年 8 月，上海石化制定《上海石化“万员行动查异味”活动实施方案》，每年投入 400 万元，通过正向激励引导近万名员工积极投身绿色企业创建。该活动聚焦“全员查找环保问题”“废气治理设施运行管理”“大气污染物溯源”“泄漏检测与修复（LDAR）工作”“大检修环保管理”“环保日常综合管理”等六大板块，全员参与，协同推进，取得了良好效果。

绿色检修，废气全回收

员工在现场进行 LDAR 检测

以 5 座大气自动监测站为中心，辅以网格化在线监测、质谱走航监测车、红外热成像仪等先进检测工具，建立异味污染溯源体系，大气污染物实现“全天候”“全过程”“网格化”管控，使精准化溯源效率大幅提升，为后续治理提供了针对性方向。该溯源系统还与金山区、浙江平湖市等区域联动合作，构建了环境应急联防体系。

VOC 走航车，随时随地监测大气

企地 + 企企联动增强队伍“聚合力”

主动邀请执法人员现场“支招”，共同研究探讨环保工作。上海市生态环境执法总队曾多次到访公司，提供指导。作为专家企业之一，上海石化积极参与上海市环境监测中心和金山区生态环境局双向会商机制，共同商议区域环境污染管控工作。

企企联动，资源共享促“双赢”。上海石化周边紧邻多个化学工业区，增加了临界 VOCs 溯源难度。从最初的“泾渭分明”到坦诚相待，再到相互信任，最终建立长效合作机制，企企联动有力促进了临界 VOCs 溯源和治理。

聘请周边街镇居民担任企业环保监督员，持续开展“公众开放日”活动，主动接受社会监督。活动连续开展 8 年以来，累计近 6000 名公众走进上海石化。

创新构建网格化管理　让 VOCs 无处遁形

（燕山石化）

蓝天碧草间，一处处白色栅栏环绕的环保小屋伫立在各装置间，这便是燕山石化的 VOCs 在线监测站点。

作为地处首都北京的特大型炼化一体化企业，环境保护是燕山石化的生命线。一直以来，燕山石化对锅炉与加热炉烟气、装置排放有机气体治理投入了很大资源和力量。但由于大气污染的成因复杂且具有流动性，治理过程中需要更为长远的规划以及更为系统有效的技术来辅助，因此全面监控工区环境大气中 VOCs 含量的即时水平及变化趋势，对提升区域大气环境质量意义重大。

强化源头管控

燕山石化不断完善环境监测网络，提升环境监管能力。2017 年在厂区及周边设立 46 个 VOCs 在线监测站点，构建了 VOCs 网格化管理体系，在国内尚属先例。

VOCs 网格化管理体系，打破传统空气质量评价点位限制，通过环境质量监控网格、重点污染源监控网格等不同监测网格的融合，实时掌握区域内环境污染分布状况及空气质量变化趋势；发现污染物来源及其扩散趋势，准确监控超标污染物从产生到扩散、消失的全过程。

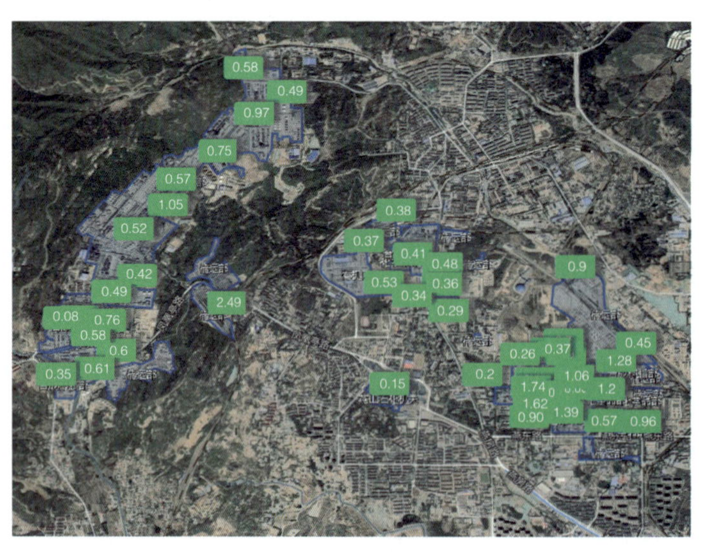

监测数据实时监控图

依据布点要求与实际状况，考虑生产区、厂界、物料性质、环境管理要求，在 46 个站点安装在线 VOCs（非甲烷总烃）分析仪，并配套安装 15 台在线臭氧分析仪。保证数据真实准确、实时上传，通过短信提醒和移动 APP，使各级环保管理人员及时掌握区域 VOCs 信息，同时监测数据实时向公众公开。

集成发挥数据优势

VOCs 网格化数据监控系统可实现在线监测数据的收集、传递与深化应用；制作环境地图，结合 GIS 地图，查看区域和监测点的实时和历史监测数据、统计数据等；进行数据统计与分类应用等，以排行榜形式展示区域、站点的污染情况，以定位重点污染区域和首要污染物；制作移动端 APP，通过移动终端可以便捷快速获得环境 AQI 监测、VOCs 站点实况监测、站点排名、历史趋势等信息，提高管理效率。

以实时、准确的环境监测数据为管理基础，可及时发现生产设施泄漏环境污染事件或突发环境问题，缩短异常事件的响应与处理时间，并可为监管提供定性定量的数据支撑。通过 VOCs 连续、实时的监测与报告，发现常规监控无法及时准确发现的问题，对工区内无组织有机物监控能力明显提高。站点建设投用至今，实现全员重视、精准聚焦、快速反应，区域内非甲烷总烃大幅下降，空气质量明显改善，对内加强管理、对外公开展示成效。从 2017 年 9 月 30 日系统上线至今，共计采集数据超 9000 多万条。

转变监管模式

VOCs 网格化系统实现了多层级数据发布，不仅可在燕山石化内部环保信息平台查询，而且通过北京环境信息公开平台完全对外公开。

信息公开，打通了监测与监管之间的通道，从传统对具体排污单位“点对点”的监管模式，转变为全面掌握所有点位的污染状况，即“点对面”的监管模式，形成一套集监测、预警、指挥、管理四位一体的环境监管模式，实现由单一部门治理向协同治理、共同治理转变，在全地区构建大环保、大监管格局。

率先油气回收 助力首都天更蓝

（北京石油）

“气不上天，油不落地”是北京石油在绿色发展中始终遵循的理念。从 2007 年开始，公司开始实施油气回收改造工作，为全部汽油加油站和油库安装了油气回收装置，相继完成对所属 5 座在营油库的油气回收及收发油装置改造，并为全部 583 座加油站安装加油油气回收枪 4150 条，累计投入资金近 5 亿元。

油气回收治理领跑全国

2008 年北京奥运会后，北京石油进一步加大了治理油气污染的工作力度，坚持每年投入 1000 万元费用，对油气回收设备装置进行实时监测和定期维护保养，确保其始终处于正常运行状态。经检测，北京石油使用油气回收装置后，发油时油气排放量降低了 99%。2018 年为 356 座年销量超过 2000 吨的加油站安装了油气回收在线监控系统，油气回收治理领跑全国。

油站告别油气味道

北京石油加油站一次、二次油气回收装置已覆盖北京市全部在营汽油加油站，三次油气后处理装置按照北京市地方标准要求主要安装在城市建成区内，涉及数量约计 160 余台。历时多年的验证，一次、二次、三次油气回收系统的安装和投用极大程度地回收加油站逸出的油蒸气，导入地下油罐的饱和油气还减少了罐内油料的蒸发损耗。在保证回收系统密闭性和气体回收量的前提下，大大减少加油车辆油箱口排出气体体积，通过三次吸附或过滤技术手段，让油气无处可藏。

加油站二次油气回收装置

加油站三次油气回收装置

油库实现绿色作业

油气回收工艺，就是油气在封闭空间中运行，经过活性炭、吸收塔等设备将油气变成液态油品，再回到油罐中，既保护环境，又节约资源。

北京石油的 5 座汽油库油气回收装置均采用活性炭吸附、吸收工艺。该装置整个油气工艺处置过程中，达到全环节封闭，油气处理效率高达 99% 左右，排放平均值在 5~10 克 / 立方米，远低于北京市地方标准，作业现场无异味，保护了作业人员的身体健康，改善了周边环境。

油库油气回收装置

LDAR 精准控泄漏

（金陵石化）

长期以来，石化企业的催化裂化等生产装置，都面临一个棘手的问题——腐蚀严重。油品中的酸性物质会对设备，尤其是管线、阀门等造成一定的腐蚀，长此以往会形成很多微小的漏点，漏出微乎其微的异味，不容易被觉察、被闻到，但这种无组织排放会造成一定的环境问题。

在全国最早开展泄漏检测与修复（LDAR）工作

金陵石化作为沿江城市型炼厂，清醒地认识到环境保护关系企业的生存和发展。2007 年提出并践行“泄漏就是事故”的环保理念。2009 年，公司将炼油异味气体治理列入中国石化“十条龙”攻关项目。2010 年，公司实施 VOCs 和异味治理，学习国外企业检测天然气泄漏先进方法，试用 LDAR 监测设备，开启了企业 LDAR 工作。引进国际最先进的查漏仪器，成立了专门的泄漏检测队伍，并基于设备管理信息系统建立了无泄漏管理信息平台，全过程跟踪装置泄漏检测与修复效果，装置泄漏点明显减少，区域大气质量进一步提升。此项工作得到了生态环境部的充分肯定，成为江苏省 VOC 治理示范企业，得到了欧美专家的高度评价。

2011 年，公司购买 16 台国际最先进的泄漏检测仪和 1 台红外成像仪，进一步完善工作机制，挑选一批有经验的员工组建 LDAR 专业队伍，采用国际先进的量化检测方法，实行“地毯式”查漏，将许多用眼睛无法发现的漏点一一捕捉，所有炼油化工装置都被“扫描”一遍以上，全年对 70 万个受控密封点进行了 170 万点检，并按期对泄漏点进行了修复，大幅降低了因泄漏造成的环境污染。

持续提高 LDAR 工作质量

2020 年，金陵石化重新建立了 LDAR 工作机构，强化监督检查，做好月度、季度、半年抽检计划安排。各个运行部明确内部分工，合理安排检测计划，提高查漏标准，强调对于检测浓度超过 500 微摩尔 / 摩尔的密封点即判定为泄漏，加大检测与修复双项工作力度，并且全力做好检测仪器的维护管理和使用培训，按照“点多专用、点少共用”的原则合理分配 LDAR 检测仪器，结合红外成像仪对不可达点的检测优势完成不可达点全覆盖扫描。

进一步强化检测与泄漏修复过程的管控，按照属地管理的原则划好“责任田”，落实区域网格化管理，明确检测过程中的标准化操作流程，严禁装置对在运的开口阀或开口管线进行攻丝操作，要求漏点修复必须充分评估风险、落实安全措施，做好 JSA 分析。此外还对泄漏点类型与区域总结归纳，动态关注易漏点的情况，做好堵头、管帽、法兰盖等常用修复材料的储备工作，结合数据做好检维修策略。

红外成像仪

组建 LDAR 管理技术小组，专职负责 LDAR 工作的监督管理与技术指导，强化检测操作人员实操能力的培训和考核，各专业部门全面参与 LDAR 总结工作，从专业角度对各装置泄漏密封点进行统计技术分析，将泄漏率高的设备（法兰、阀门、垫片、连接件等）厂家剔除出采购候选单位名录。针对通报的问题严格落实责任考核兑现，结合相关规范标准对检测规范性、修复及时性、台账资料完整性，制定针对性考核措施，加大考核力度。

加强薄弱环节管理，全面及时梳理当前 LDAR 工作中的问题，对公司 LDAR 系统平台进行升级改造，补充个性化需求，优化检测与数据上传流程，增加自动统计分析与考核功能。做好涉及联锁仪表的现场标识，防止误触发生安全生产事故，按要求提前制定压力较高的超标密封点施工方案，加装盲板隔离后方可进行施工。加强腐蚀管线测厚检测，防止管线变薄造成泄漏。全面梳理排查轻质油气采样点密闭采样器使用情况，结合实际需要做好密闭采样设施的隐患整改，千方百计提升 LDAR 工作水平，为推进企业高质量发展增绿赋能。

碧水保卫战

钻井废弃“血液”重返“大动脉”

（西南石油工程公司）

钻井、压裂作业过程中会产生大量废弃钻井液、压裂液，如何把这废弃的“血液”变废为宝，西南石油工程公司通过平台井重复使用、中转站暂储、井间倒运等方式，推进钻井液的维护和重复利用，取得显著效果。

钻井液实现回收利用

西南石油工程公司分区域设置 5 座泥浆中转站，将钻井现场具备回收利用价值的钻井液拉运至泥浆中转站，按不同体系、密度、功能实施分类存放，根据钻井液性质确定维护方案，一罐一台账，每日分析化验数据确定搅拌时间，保证钻井液性能稳定。同时配备钻井液储备罐和运输罐车，根据需求配送到井队进行重复利用。

以川西地区为例，通过工艺探索和调度优化，实现川西地区年回收钻井液达到 5 万~6 万立方米，2011 年至 2020 年累计回收钻井液 56.77 万立方米。

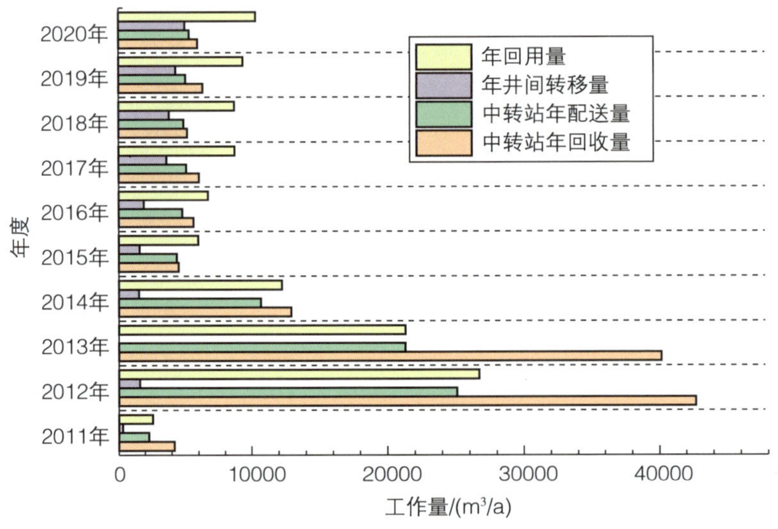

2011 年至 2020 年川西地区钻井液回用量统计

压裂液实现回收利用

水力压裂是页岩气开发增储上产的有效手段，但用水量大、压裂返排液多是一个突出问题。西南石油工程公司将压裂返排液从施工完的井场，运送至下一个压裂现场，现场检测酸碱度、黏度等数据后，按照施工井设计要求，利用混配车或混配橇重新进行液体配置。配置过程中，根据压裂返排液情况实时调整压裂液配方及药剂比例，控制液体质量，最终形成施工压裂液，直接投入压裂重复使用，减少了新鲜水使用量，既节约了施工成本，又保护了环境。

以 2020 年威荣区块页岩气施工为例，累计压裂 9 个平台，产生返排液 88.9 万立方米，通过配置降阻水再次压裂，重复利用率 100%，节约了压裂返排液的处理、拉运等费用共计约 2.44 亿元，真正实现了钻井废弃物“变废为宝”。

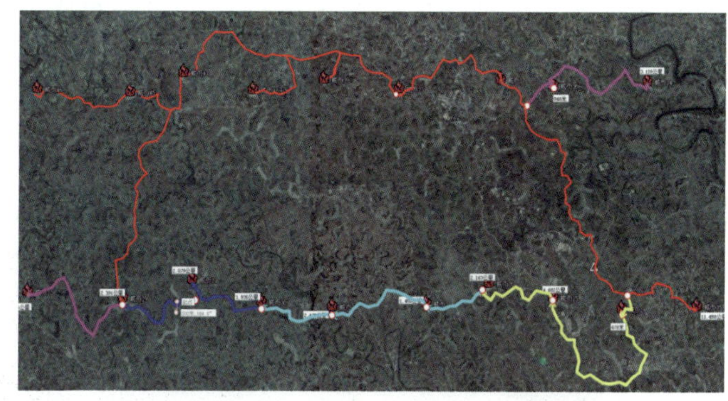

威远工区压裂返排液管道示意图

为降低压裂液转运行车的安全环保风险，西南石油工程公司建设管网进行输送，高效保障了压裂返排液重复利用。2019 年至 2020 年，建设压裂返排液输送管道近 80 千米，投入管输泵 10 台，管输能力达每日 800~1500 立方米，大大降低了返排液拉运的安全环保风险和费用。2020 年累计输送压裂返排液近 90 万立方米。

返排液重复利用率从2018年最低的24%提升到2020年的93%，共节约清水109.74万立方米

低温蒸馏 让气田废水“不废”

（西南油气分公司）

西南油气田分公司在推进天然气开发进程中，一直探索采气废水减量回用技术研究和实践创新。从最初单一的物理化学处理方法，到引进应用低温蒸馏，再到负压气提、双膜减量等系统优化工艺路线的研究，先后解决了高 COD、高含氯、高含硫、高含泡采气废水处理难题，为多类型复杂采气废水的绿色环保处置和回用探索出一整套稳定可靠的处理工艺，形成具有自主知识产权的复杂类型采气废水环保处理技术体系。

川西地层水综合利用站远瞰图

低温蒸馏解决新场气田废水处置难题

西南油气田在川西、川东北地区开展采气废水回用技术研究，提高采气废水回用量，取得良好成效。

2012 年，西南油气田研究人员在国内首次将低温蒸馏工艺引入气田地层水处理之中，建设低温蒸馏站一期工程，采用四效低温真空蒸馏装置，正压蒸发与负压蒸发并用，前效产生的二次蒸汽用作后一效的加热蒸汽，逐效减压加热蒸发，利用蒸汽热能，最终将水中 Cl^-、Na^+ 结晶成盐，有效解决了高含氯采气废水处理难题，为气田开发企业复杂采气废水处理探出一条新路。

2014年，西南油气田建成低温蒸馏二期工程，日处理采气废水能力提升至1000立方米，优化工艺参数90余项，创新提出“六稳定、一畅通”操作准则，形成规章制度12册，保障了蒸馏装置“安稳长满优”运行。截至2020年年底，低温蒸馏工程累计处置高含氯采气废水166万立方米，产出工业盐12.7万吨，减少废水氯离子排放量7.7万余吨，实现了采气废水高效资源化综合利用。

优化推广实现元坝气田采气废水“零”排放

西南油气田在元坝气田开发中，按照“雨污分流、污污分治、集中治理、污水回用”思路，高效解决了气田废水“四高”（高含硫、含盐、有机物、氨氮）、“一低”（BOD_5/COD）、“一复杂”（含缓蚀剂等多种化学药剂）处理难题，实现采气废水“零”排放、“全”回用。

紧抓源头，优化工艺。通过蒸汽冷凝水回用、酸水汽提水回用等方式减少废水的产生。在酸水汽提工艺中，摸索出既能满足游离氨脱除，又能满足硫化氢汽提效果平衡点的pH值，降低酸水汽提水的氨氮含量，提升回用水水质；持续改进了循环水排污水磷含量高问题，实现了循环水排污水全部回用。

小站不小，变废为宝。在元坝净化厂西南角，默默矗立着一个小站——“元坝气田低温多效蒸馏站”，这就是国内首座建成的高含硫采气废水资源化利用站。初步处理的采气废水通过管道输送至该站，利用净化厂剩余锅炉蒸汽实现低温蒸馏，经蒸馏处理后的水质达到循环水回用标准，全部回用于元坝净化厂循环水和蒸馏站循环水系统，蒸馏后产生的工业盐，由专业公司回收利用，实现了工业废水“变废为宝”。

元坝低温蒸馏站全景图

技术革新，科技降本。由于低温蒸馏成品水钙硬度和总碱度较高，易造成循环水管线和换热设备腐蚀。元坝气田通过科技创新和优化操作参数等手段，对低温蒸馏装置产品水的 pH 值、电导率实现在线实时监控，探索新技术提升回用水水质，按比例回用到各套循环水系统中，保证钙硬和碱硬指标达标；在化工生产中，元坝净化厂的锅炉排污水除磷装置，创新采用“反渗透 + 化学沉淀”组合工艺，成功将锅炉排污水处理达到除盐水回收利用指标，实现了锅炉废水达标回用，在国内外首次实现高含硫采气废水全部回用。

元坝气田低温蒸馏站出水“鱼塘”

做靓一篇“水文章”

（燕山石化）

湖光山色，佳木葱茏；飞流叠瀑，水声淙淙；小桥蜿蜒，亭台玉立；野鸭戏水，游船荡漾……燕山石化牛口峪湿地公园的美景，吸引了众多游人慕名“打卡”。

燕山石化牛口峪湿地公园，采用国际流行的自然、原生态的保护湿地生物多样性和水质量的天然处理湿地的设计理念，率先实践“达标排放的工业污水处理 + 湿地自然生态修复系统”的生态型工业污水综合净化方案。2018 年 8 月 29 日，该项目在瑞典斯德哥尔摩世界水周论坛上亮相，展示了中国企业环保治理的成功经验和牛口峪湿地公园的优美生态。2019 年，牛口峪湿地公园被北京市生态环境局评为“生态环境教育基地”，获得北京市“社区之家”称号。

牛口峪湿地公园

提级“水环境”

燕山石化投资约 1.1 亿元，分别采用 Actiflo-carb+TGV 工艺对两套工业污水处理装置和絮凝沉淀过滤技术、对一套生活污水处理装置进行升级改造，改造后外排废水 COD 降至稳定低于 30 毫克 / 升目标，大大改善了大石河水系的水环境质量。

牛口峪污水提标装置

燕山石化外排水提标升级改造项目，是国内第一例外排石化污水达到 COD ≤ 30 毫克 / 升的项目，Actiflo-carb 工艺也是第一次应用于石化污水处理外排水达到 COD ≤ 30 毫克 / 升的工艺。Actiflo-carb 工艺的主要特点：一是在传统高速沉淀工艺的基础上，投加了微砂和粉末活性炭，去除水体中难生化降解的 COD ；二是停留时间短（停留时间仅 30 分钟），占地面积小。TGV 滤池主要去除水中的 SS，确保外排水 SS ≤ 10 毫克 / 升。

改善“水生态”

2013 年开始，燕山石化和清华大学等院所合作，研究改善牛口峪生态环境；2017 年，利用达标排放的工业水作为水源，在原牛口峪生态中心的基础上打造牛口峪湿地公园。首先对 8 万平方米已停用的氧化塘进行改造和修复，在梯塘里种植芦苇、香蒲等具有高净化能力和高耐受力的水生植物，狐尾藻、眼子菜等沉水植物，用以对工业外排水进行深度净化。随之在湿地建设不同密度的湿草甸和植有漂浮水生植物的自由水面，吸引黑鹳、震旦鸦雀、大天鹅、黑鳽、翠鸟等 140 多种珍稀野生鸟类来此栖息安家，不到四年时间，工业废水外排口成为一个鸟语花香的天然乐园。2017 年 11 月 1 日，牛口峪湿地公园正式免费向公众开放。

湿地项目实施后，土地活性恢复，废水停留时间延长，经过湿地处理后的污水得到进一步净化，既提高了水资源利用率，又降低了对湿地地下水的负面影响。

牛口峪湿地公园远景俯瞰图

成就"水循环"

北京地区水资源匮乏，燕山石化利用污水资源再生，用有限的水资源实现无限的水循环。燕山石化的生产废水和生活污水，经污水处理场预处理和生化处理后，西区采用自主知识产权的炼油污水回用处理工艺技术，出水水质达到国家再生水水质标准，产品水全部回用于工业用水和循环水补充水。截至 2020 年，燕山石化西区回用水产量为 4520 万吨。

燕山石化东区 2014 年建成国内第一套用于锅炉补给水的污水深度处理回用装置，采用双膜法（超滤 + 反渗透）水处理工艺，出水主要指标优于纯净水指标。截至 2020 年，该装置累计产水 7528 万吨，相当于 37.6 个昆明湖的蓄水量。

东区回用水装置

为“美丽滨海”提供生态补水

（天津石化）

为响应天津市美丽滨海一号工程目标责任书及地方标准要求，天津石化结合公司污水装置实际情况，全力推进污水深度提标建设工作。总投资约 2.03 亿元的炼油化工污水提标装置于 2017 年 11 月 24 日开车运行，提前完成美丽滨海一号工程任务。装置采用反硝化滤池（DNF）+ 臭氧氧化 + 生物活性炭 + 高密池工艺，即原水经均质调节后，DNF 中反硝化菌以乙酸钠为碳源对水中的硝酸盐氮进行降解，DNF 出水经过臭氧氧化和生物活性炭的作用去除水中 COD、BOD，高密池去除水中的磷和悬浮物后达标排放。

生态补水点

污水提标装置现场

污水提标装置进出水污染物监测数据与设计值对比

监测项目	单位	进水水质	出水水质
COD_{Cr}	mg/L	64	18
pH	—	7.46	7.4
石油类	mg/L	0.8	0.32
总磷	mg/L	2.8	0.17
氨氮	mg/L	5.38	0.2
总氮	mg/L	23.6	9.96
悬浮物	mg/L	52.4	4

注：进水、出水水质数据为 2020 年平均值。

天津石化实施污水提标改造“深度”治水，外排污水 COD 和氨氮排放总量分别下降 30% 和 5%，且水质稳定优于排放指标，当地政府将公司排放水引入河道作为河道生态补水，明显改善了当地河道水环境，彰显了央企的社会责任。

减排、提标、覆绿　不负一江碧水

（扬子石化）

扬子石化临水而生，依水而兴。近年来，重减排、提标准、抓覆绿，努力打造长江北岸水污染防治典范。

重减排　把污水处理到饮用标准

将污水深度处理到饮用水标准。很多政府工作人员、社区居民、媒体记者走进扬子石化时，都会接过一杯经过深度处理的回用水，放心地喝上一口。

2015 年以来，扬子石化先后建成投运 1250 吨 / 小时污水回用装置和 500 吨 / 小时生产废水（原清净下水）回收装置，污水处理、节水减排迈入新阶段。目前，扬子石化已成为国内外最大污水高纯度回用企业，回用水量可装满 6 个玄武湖。

扬子石化通过一系列举措的实施，实现了污水回用装置的高产运行，定期开展公众开放活动，展示利用水生植物生态处理工业污水的“生态护坡氧化塘”，让周边社区居民一起见证、监督污水减排工作。

污水深度处理技术达到国际领先水平

每月组织公众开放日活动

扬子石化计划在原有污水处理装置的基础上，建设同等规模的污水回用装置，预计 2022 年投入使用。届时污水回用率将接近 80%，排江量同比减少一半以上，扬子石化保护长江母亲河将迈上更高台阶。

提标准 以污水“分治”带动污水“善治”

扬子石化将“因势利导”“疏堵结合”贯穿于污水治理中。投用 14.85 千米污水可视化压力管网、完成水厂净一装置污水总排提标改造，实现生产污水分质分输、污污分治，污水处理能力进一步提升；消除供水装置沉淀池退水，停止热电厂冲灰作业；持续完善雨污分流设施，覆盖区域超过 80%，有序推广自动分流和远程控制技术，所有污水达标排放。

扬子石化已完成新一轮水平衡测试，对 130 千米供水地管进行专业查漏和管网治理，雨水排口非雨天“近零”排放；新建码头污水处理系统，更是有效扎紧了趸船污水直排长江的“最后一米”关口。

以“分治”带动“善治”，扬子石化不断完善水体应急防控体系。通过引入“分散控制，集中管理”理念，构建雨水分区域汇流管网，先后增加多个环保应急设施，形成装置、厂、公司三级水体应急防控体系，在马汊河和长江沿岸建立了三个环保专用应急物资库，配备了防护用品、生命救助、动力燃料等 10 大类 105 种应急物资，环境应急和风险防控能力大幅提升。

抓覆绿 让春风吹绿“江北”沿岸

长江沿线 4.7 千米扬子段生态景观

扬子石化贯彻落实长江大保护战略，实施了长江扬子段沿岸排污口、雨排口标准化建设和规范化管理，推进公共设施整治出新，并按照远看有型、近观有景、立体打造、绿色发展的目标，投资近亿元开展长江沿线（扬子段）生态修复整治和临江区域景观化塑造。

至 2020 年底，长江扬子段堤岸已经完成所有覆绿工程，绿化种植面积近 60 亩，见缝插绿、宜栽尽栽，应绿尽绿，让 4.7 千米长江沿线扬子段成为水质优、生态美、空气清新、工业发展与环境友好共融共生的立体绿色风光带。

如今的江北大地，水清鱼跃、岸绿景美，不仅有绿水青山的诗意盎然，更有产业发展的欣欣向荣。

彩练飞舞护浦江

（高桥石化）

黄浦江见证了上海从开埠至今走过的风雨历程，更是成为中国改革开放发展的典范。如今的黄浦江水质清澈、海鸥低翔，高桥石化公司位于黄浦江下游，一直用责任和使命守护着这座城市，确保每一滴流入黄浦江的水都清澈透明。

高标准　严排放

高桥石化投资 2 亿元，持续进行技术改造、提高排放标准，大力推进污水提标改造、污水管网可视化建设。改造完成后，公司污水处置能力提升 12.5%，化学需氧量、氨氮排放总量相比改造前分别下降 56%、69%，排放浓度仅为标准限值的 38%、25%；8000 米的污水管网完成了可视化建设，每一滴水都实现了有效收集处理。

高桥石化水务部 3 号污水处理场

节约每一滴水

高桥石化深度挖潜节水减排潜力，加强节水技术的开发和应用，大力推进污水回用、蒸汽凝液回收利用、地下管网查漏检修等节水项目，降低新鲜水取水量。2020年合计回用水 16.70 万立方米；加强办公及生活区域的用水管理，2020 年折合节约水量 12 吨 / 小时；强化污水分级管控、分类治理，提升污水回用量，2020 年污水回用率达 58%；推进非常规水资源利用，加大雨水回收利用量，2020 年非常规水资源利用替代率达 5%。荣获“上海市节水型企业”称号。

高桥石化储运部黄浦江码头

多年来，高桥石化认真落实黄浦江岸线保护工作要求，持续提升码头应急风险防控能力，整体配备码头应急物资，全面投用码头油气回收设施，非汛期进行雨水回收后内部回用，积极打造美丽岸线，全力保护上海“母亲河”。

不让一滴污水进入淮河

（中安联合）

中安煤化一体化项目，毗邻淮河流域，通过采取中国石化自主研发的煤化工高盐水零排放成套技术，达到了煤化工污水真正意义上的“无排口”“零排放”，实现了不让一滴污水进入淮河。

中安联合高盐水蒸发结晶装置全景

煤制烯烃、天然气和煤制乙二醇等煤化工项目，是我国能源领域研究热点，可替代石油工业生产多种化工基础原料，缓解我国能源消费需求增长与清洁能源供应短缺矛盾，优化能源结构。但煤化工生产废水排放量高、污染强度大，带来的水环境问题一直是制约煤化工行业发展的瓶颈。废水排放量大的难点就是无成熟的高盐水零排放分盐技术。

中安煤化一体化项目采用中国石化自主研发的“煤化工高盐水零排放成套工艺技术”，构筑“预处理—反渗透浓缩—纳滤预处理—纳滤分盐浓缩—热法分质结晶”的高盐废水处理流程，解决了高效氧化、高效除硬除硅除氟、纳滤分质分盐、双多效蒸发等关键问题。创新开发的纳滤预处理及分盐技术，实现了低压力、大通量、高效除、硬过滤、快速除、硬除硅除氟技术和两级两段纳滤分盐工艺；创新开发的臭氧催化氧化催化剂和梯级多相臭氧催化氧化反应器，提高了高盐条件下臭氧催化氧化对有机物的去除效率；创新开发的高盐硝回收率及品质、高操作弹性、长周期稳定运行、低能耗双五效强制循环真空蒸发分盐技术，成为国内首个真正实现高盐污水零排放和盐类资源化的企业。污水总体回收率约 98%、盐硝总质量回收率约 80%，超过国内外煤化工同类型企业。

污水曝气池全景

中安联合高盐废水零排放处理系统自 2019 年连续稳定运行以来，零排放系统回收率保持在 97%~98%。废水的零排放以及氯化钠、硫酸钠的分质结晶资源化利用，取得直接效益 700 万元 / 年，间接经济效益 9000 万元 / 年，引领了现代绿色煤化工发展的方向，对国内外煤化工行业起到了良好的示范作用。

净土保卫战

呵护新疆好地方

（西北油田）

西北油田分公司地处美丽富饶的新疆，沙漠油区生态环境极为脆弱，土地盐碱化、沙漠化严重，环境自净能力、恢复能力弱。为降低油田勘探开发过程由设备腐蚀泄漏带来的生态植被破坏、土壤地下水污染风险，西北油田从 2011 年开展管线腐蚀治理，截至 2020 年腐蚀穿孔下降 93%，从根本上解决了管线穿孔造成的环保隐患。近五年共减少因腐蚀造成的各类经济损失 3.12 亿元，确保了油田绿色清洁生产。

西北油田分公司采油一厂油气处理部

查清家底　用心保护母亲河

西北油田有 4 个采油厂和 1 个采气厂，5 个大型联合站，200 多个计转站，上千个容积不等的大小罐体，1.6 万多千米管线，要从根本上防腐，必须从源头查清防腐治理的“家底”。

2013 年年初，西北油田用 4 个多月的时间创新推出了“四乘五矩阵”判断法，对整个油田进行了腐蚀风险等级划分，完成了一幅宝贵的油田腐蚀预测图；对地面集输管道逐条摸排，形成了塔河油田苛刻腐蚀环境下油气集输管道腐蚀与防护技术体系，建立了油气田地面防腐九大关键技术体系，一举扭转地面系统腐蚀穿孔数上升趋势，油气田整体防腐技术水平得到显著提升。

“微创手术” 将生态植被破坏降到最低

新疆特殊的地理环境造就了塔里木河流域的小型绿洲分布相对孤立、分散。油田开发生产管线四处延伸，给绿洲的土表生态植被带来威胁。

面对难题，西北油田创新形成了非开挖在线修复技术，采用耐热聚烯烃内穿插修复技术解决金属管线腐蚀风险，一次性施工距离长达 1~1.2 千米，规避了塔河油田戈壁滩环境中的小绿洲，被形象地称为“微创手术”。

油田戈壁滩中的绿洲

涂层修复 让管线“坚强”起来

为确保土地不受污染，实现不让一滴油污流进塔里木河，西北油田开发研究了纤维增强涂层修复技术，一次性施工长度最长 5 千米，具有 $R \geqslant 1.5D$ 弯头不需单独断管处理的特点。隔绝管内输送腐蚀性介质与金属管材的直接接触，成为油滴与河流之间的“防护盾”。还积极采用非金属管材及涂层技术进行源头防腐与腐蚀隐患治理，有效延长了管线的使用寿命，大幅度降低了油气集输管线穿孔数，年平均穿孔降幅超过 30%。

全面提升对金属管线使用年限的要求，创新形成了承压软管内衬修复技术，单管承压性能高于 4.0 兆帕，延长原管道服役寿命 15 年，高效解决了长距离老旧油气输送管线的腐蚀问题。

迁徙的鸟儿驻足嬉戏

做对“加减法” 提高危废“三化”水平

（重庆川维）

近年来随着生产规模扩大，重庆川维化工公司危险废物产生量大幅上升。2017年危险废物产生量高达25.2万吨，其中高浓度甲醇废液产生量19.69万吨，占危险废物总产生量的78.17%。建设无废工厂，将高浓度甲醇废液减量化、资源化和无害化自行利用，成为公司重中之重。

77万吨/年甲醇装置

高浓度甲醇废水减量化

开展工艺优化调整。调整合成气氢碳比，在乙炔尾气中补充适量氢气，提高乙炔尾气中氢气含量，大幅降低粗甲醇中杂质含量；严格催化剂装填，使各层催化剂装填密度均匀；利用停车检修疏通合成反应器中心管小孔，优化催化剂床层温度分布，减少径向局部温度过高发生副反应的概率；调整预精馏塔不凝气洗涤脱盐水的加入量，提高洗涤液中甲醇浓度，减少甲醇洗涤液产生量；精馏单元停车时，塔内甲醇优先返回到粗甲醇储罐。

加强设备维护管理。检查并修复产品精馏塔的多层塔盘，提升产品精馏塔精馏效率，侧线高浓度甲醇废水抽出量大幅降低；增加开启冷却器的清洗频次，降低精馏塔回流温度，减少塔顶轻组分的采出量；校准甲醇装置及厂界高浓度甲醇废水流量表，确保高浓度甲醇废水产生量准确。

通过工艺优化和设备检修等一系列措施，高浓度甲醇废液的产生量从 2017 年的 19.69 万吨，降至 2020 年的 3.34 万吨，降幅高达 83.04%。

资源化和无害化利用

为降低危险废物处理过程的环境风险，消减外委处置成本，川维化工公司启动了高浓度甲醇废水资源化和无害化利用工作。

2017 年 2 月，投资 427.6 万元，对原停运封存的三甲醇装置精馏工段产品精馏塔进行核算，对塔盘分布器、紧固件、齿形堰、降液板等内件进行优化，改造成一套设计 4.5 万吨 / 年的高浓度甲醇废水处理装置，将高浓度甲醇废水精馏成浓度为 95% 的甲醇产品对外出售。近三年年平均处置高浓度甲醇废水 3.5 万吨以上。

高浓度甲醇废水装置

通过持续开展高浓度甲醇废水减量化、资源化和无害化工作，处置方式由“外委处置、利用”变更为“内部综合利用”。高浓度甲醇废水加工为产品，由以往的“掏钱处置”变为“外销赚钱”，减少了危废外委处置风险，实现了危险废物产生量和处置量大幅降低，为重庆川维化工公司带来了良好的环保效益和经济收益。

“变废为宝”有妙招

（茂名石化）

茂名石化将生产过程中产生的危险废物，在减量上下功夫、在利用上找价值，变废为宝、循环利用，实现了固体废物减量化、资源化、无害化。

源头减量让危废“成功瘦身”

源头减量，既“瘦身”又降本减费。通过包装物循环使用、优化生产操作等源头减量措施，每年减量约 2000 吨。针对瓷球循环利用率偏低的问题，对旧瓷球、瓷柱过筛后采样分析抗压强度指标，合格后进装置回用，既减少了危废产排量，又降低了新瓷球、瓷柱的采购量。

采购环节包装物回收再利用。按照“小改大、重变轻、循环使用”原则，实施包装物减量措施。水性助剂类物料由 200 千克铁桶或小塑料桶改成吨桶，吨桶供应商回收循环重复使用；编织袋装催化剂改槽车运输等方式，每年可减少废包装物约 350 吨；润滑油 / 脂、油漆涂料类、固体催化剂类、液体助剂类 4 类物资，改为吨包袋、吨桶或移动槽车，每年可减少包装袋约 94000 个、铁桶 10000 个、塑料桶 20000 个，可减少危废、固废约 380 吨，节省处理费超百万元。

包装物减量化措施

优化操作，减少污水处理过程危废产生量。利用活性污泥代替浮选池药剂，每年减量污泥约 300 吨，节约浮选药剂费用 48 万元，化工区充分利用污泥好气消化池消解处理油泥，油泥减量化达 780 吨 / 年，每年节约外委处置费用 300 余万元。

内部利用让危废“千姿百态”

2020 年，茂名石化通过实施 CFB 锅炉燃料掺烧白土油泥技术改造项目、延迟焦化等装置原料综合利用项目和残液回收改造项目，经政府环保部门批准实施后，内部综合利用固体废物共约 4.56 万吨。

炼油 CFB 锅炉燃料掺烧白土油泥技术改造项目，将润滑油、苯抽提等装置产生的白土油泥与锅炉燃料煤混合掺烧，实现白土油泥的综合利用。掺烧白土油泥后产生的煤灰、煤渣经属性鉴别为一般固体废物，按原利用途径作建筑材料进行综合利用。项目自 2016 年实施以来，每年可综合利用白土油泥约 10000 吨。

残液回收改造项目

延迟焦化等装置原料综合利用项目，利用延迟焦化装置、常减压装置、煤制氢装置和 CFB 锅炉等装置，处理内部产生的 3 类 17 种危险废物及化工厂区污水处理场活性污泥。将废润滑油、废变压器油、废液压油等废矿物油作原料与原油一并送常减压装置，废油、焦油、丁二烯二聚物、溶剂油、环丁砜、浮渣、油泥作原料进延迟焦化装置生产产品。煤制氢装置综合利用污水处理场浮渣、污泥。

此外，破碎机、催化裂化废催化剂磁分离等环保项目实现危险废物废催化剂综合利用；残液回收改造项目 2020 年 11 月建成投产实施后，综合利用化工废油、高压溶剂油共 1449.12 吨；多次试验将废碱与三乙基铝废油按合适比例混合，使废油安全失活，并将废油送炼油装置回炼，实现了变废为宝。

让危险废物“重新上岗”

（安庆石化）

长江干流安徽段，是安庆市的主要水源地，是江豚、大口鲶等长江流域特有生物的生活栖息场所。安庆石化作为临江的炼化企业，生产经营过程中产生的危险废物一旦进入长江，不仅将威胁整个安庆市居民用水安全，还对长江水生生物繁衍造成巨大影响。安庆石化高度重视危险废物依法合规处置工作，以减量化、资源化为管理原则，以无害化为最终目标，通过加强检查与创新，持续提升规范化管理水平。

给危废找个安全“家”

安庆石化于 2013 年建设了一套危险废物临时储存设施，占地面积 1800 平方米，分 4 座独立库房，用于存放不同性质的危险废物，确保性质不相容的危废分开储存。为进一步降低危险废物污染环境风险，2018 年对危废临时储存设施进行了完善改造，增设一座废水收集池，4 座库房内危废渗滤液及冲洗水全部收集至池内，定期运输至公司污水处理场处理；对库房内的地面及渗滤液收集沟进行了高标准防渗改造，确保渗滤液不污染土壤；增设 2 套化学过滤机组，对危废暂存期间产生的废气全部收集后进行化学过滤处理，减少对大气环境的影响。

2020 年公司对危废暂存设施进行了第二次完善改造，增设了固定式可燃气体报警系统和火灾自动报警系统各 1 套，信号引入操作室 24 小时监控。新增可燃气体报警器 11 套、有毒气体监测报警仪 1 套和报警控制单元 1 台；感烟探测器 31 只、声光报警器 9 台、用户传输装置 1 套和火警工作站 1 套。4 座库房增设 1 套视频监控摄像头，监控信息接入操作室 24 小时视频监控，确保危废临时储存时安全风险可控。

危废临时储存库现场图

让危废重新“上岗”

苯乙烯焦油资源化利用。2018 年安庆石化将苯乙烯装置的副产物苯乙烯焦油作原料送至焦化装置，实现苯乙烯焦油的全部资源化利用，年减少危废外委处置量约 2400 吨。

废催化剂综合利用。对于含有有色金属或贵重金属的加氢精制废催化剂、重整废催化剂、催化裂化废催化剂等危险废物，选择具有资质及利用能力的单位提取贵金属。

废油回收。污水预处理产生的废矿物油、废润滑油及化验残留污油全部送催化裂化或焦化装置进行回炼。储罐检修用柴油清洗，清洗后的柴油回炼。通过上述措施，废矿物油及含废矿物油废物外委处置量由 2015 年的 3785 吨降至 2020 年的 480 吨。

安庆石化危险废物规范管理和资源化利用大幅提升，厂容厂貌也大大改善，获得了政府主管部门和周边群众的高度肯定。

绿色采购的“买买经”

（华北油气分公司）

当“采购”遇到“绿色”，会产生怎样的化学反应呢？华北油气分公司给出了一组“十三五”期间的绿色采购数据：绿色包装使用量占比逐年提升，截至 2020 年已达到 85.8%；回收循环再利用 38.84 万个包装袋、桶，创经济效益 110 余万元。

这组数据告诉我们，绿色采购不是“买买买”，而是要“买得对”。

怎么买？制度说了算

华北油气分公司大力推进绿色采购工作，形成了环保、节能、循环、高效的绿色采购管理长效机制，从绿色采购中尝到了“甜头”。

公司制定了物资绿色采购管理实施细则，明确了物资计划提报、物资采购实施及仓储配送等管理过程中环保要求，优先采购选用通过环境标志认证、节能产品认证的物资。制定绿色物资采购目录，对 20 个大类物资绿色采购进行了界定，优先选择采购目录内的产品，大力推进节能、环保产品采购，稳步提高公司绿色采购量。

在物资采购中明确供应商选择、物资包装运输及包装物回收处置等各环节的环保要求，将供应商环境保护、资源节约、企业社会责任综合考评结果应用于物资采购决策，鼓励供应商开发绿色技术和绿色产品。采购合同中约定供应商使用环境友好型材料，列明采购物资设备节能环保指标及使用包装的类型，明确外包装的重复利用、回收利用等回收方式，组织供应商就其产品生产制造、包装、储存、运输过程中的绿色环保进行承诺。

买得对，量大更实惠

对大宗物资采用可重复使用包装或吨包装，全面推进绿色包装。对甲醇供应采用槽车运输，直达现场加注，减少过程环境污染；对丙烷使用钢瓶包装，实现多次重复利用；对压裂支撑剂由小袋包装改为吨袋包装，压裂用杀菌剂、酸化缓蚀剂等使用地点固定的化工物资由小桶改为吨桶。例如，氯化钾、瓜胶、压裂支撑剂原先采用 25

千克袋包装，包装袋回收再利用价值低，更换为吨袋包装，不仅减少了包装物数量，而且便于回收再利用。“十三五”期间，采购压裂支撑剂 34.02 万吨，使用吨袋 22.68 万个，包装物年使用量较之前使用 25 千克包装袋时同比减少 98%。 2020 年将氯化钾和瓜胶也采用了吨袋包装，压裂用杀菌剂、酸化缓蚀剂等液体化学药剂也从 200 千克包装更换成可重复利用的吨桶包装，定期组织供应商回收。

原小包装固体化学药剂

吨袋包装（固体化学药剂）

拆包扔？这样可不行

因地制宜，注重实效，不断完善包装物回收管理机制。对使用可重复利用包装物的化工物资，实行边远场站回收，集中站场暂存，由生产厂家在配送物资的同时进行包装物回收。对无法重复利用的包装物，通过招标选择具有相应资质的单位进行合规处置。

按照包装物的不同，分类制定运输方案，防止在运输过程中发生环境污染，并在合同中明确要求销毁包装物的使用功能，严禁包装物回流市场。2017 年至今，已累计回收处置各类包装物 19.4 万个，产生经济效益 110 余万元。

再生资源回收商拉运包装物

切割、粉碎后的包装物

打造绿色润滑新业态

（润滑油公司）

如何减少使用过程中废润滑油的产生，降低对环境的危害，是全行业、全社会关注的课题。润滑油公司作为全国最大的润滑油科研、生产和销售专业公司，“十三五”期间，积极探索润滑服务新业态，拓展绿色润滑服务行业和领域，累计减少危废 8000 余吨。

公司在为中海石油宁波大榭石化有限公司（以下简称大榭石化）的服务中，探索实施了组合式的绿色润滑“套餐服务”，大大减少了废润滑油的产生。

提供油品选型服务。大榭石化设备用油品牌多，种类合计 200 多种，长城品牌油品用量只占 40%，公司对其设备状态、用油、库存等情况进行梳理，将油品种类整合压减到原有的 40%，长城品牌用量占比提高到 95%，在保障设备正常运行的基础上，提升了大榭石化的润滑管理工作效率和效果。

1 品牌整合
用油品牌的归并
对所有设备用油情况进行调查,实现国产化替代,整合油品使用品牌,减少采购成本,减少管理成本

2 品种整合
用油品种的归并
对设备、用油情况、库存等实际情况进行调查,分析设备现阶段用油情况,确定同一类别油品,尽量使用同一型号油品,简化油品管理

3 数量整合
降低油品使用数量
着重分析大用油量设备使用情况,为其选择最佳油品种类,保证其在安全高效运行的条件下,使油品使用率达到最大值

提供润滑油仓储、供油、加注一揽子服务。在大榭石化厂区周边 3 千米处设置了油品仓储点，开展油品现场加注服务，提高了物流速度和加注效率，实现了客户用油零库存，大幅减少了润滑油废弃包装物的产生量。

提供设备在用油监测服务。以半年为周期，开展包括成套监测项目和特殊监测项目在内的用油监测服务，为大榭石化提供了设备用油状态的定性监测，并为油品的更换和设备状态感知提供了数据支持。

提供大检修集中服务。根据大榭石化大检修工作需求，公司为其开展了大检修集中润滑油加注服务，保证了装置顺利开车运行，油品加注效率也提升了 3 倍，彻底解决了大检修期间危废产生集中的问题。

实施大检修吨桶包装加注服务

提供用油诊断类服务。为客户提供现场评估，对设备、用油、库存等实际情况进行调查，分析设备现阶段用油情况，甄选最优解决办法，确定改进方向，规划改进措施，明确实施成本及效果，制定油品选型方案。实现润滑油品牌整合、品种整合、数量整合以及国产化替代，有效降低企业润滑管理成本，降低油品错误使用风险，减少废润滑油产生量。

客户需求
新油选择、油品归类、国产化替代

油品选型方案
根据客户设备的实际情况编制或选择油品选型方案

验证方案可行性
取样、试验、检验、分析

检验跟踪方案效果
定型报告、长期跟踪、检测管理

1

大榭石化冷冻压缩机专用油替代服务

将Mobil Gargoyle Arctic Oil SHC 200油品替换成长城牌4523(100)合成冷冻机油,替换量达2400L

2

大榭石化抗磨液压油

将美孚DTE 10超凡15替换成长城牌L-HV46,替换量达200L

3

青岛炼化英格索兰空压机专用油替代服务

将Mobil Rarus SHC 1025油替换成长城牌4506(46)合成空压机油,替换量达400L

4

青岛炼化高速泵齿轮油品替代服务

将Mobil ATF-220油替换成长城牌4413高速泵齿轮油,替换量达1800L

提供加注工程类服务。为客户提供油品加注、油品仓储、大检修加注几类服务。采用专业的加注过滤设备，专业的油品运输车辆，排除了环境及老旧设备污染等因素，高效、安全地为设备加注润滑油品。亦可提供船只、风电齿轮箱等特殊用油设备的加注服务。润滑油加注换油服务实现六个“零”，即：产生二次污染的概率为零、客户的废 200 升钢桶产生量为零、设备用油误操作率为零、润滑油加注不及时率为零、保证油品客户的润滑油库存为零以及油液浪费量为零。

提供油品状态监测数据采集类服务。润滑油公司 12 家分析评定单位，分布于重庆、济南、荆门、北京、茂名、郑州、上海、天津、武汉等地。各实验室均具有 CNAS 和 CMA 证书，实现对不同类别油品 300 余项指标的监测和油品在线监测。通过分析评估油品效能状态，制定合理的润滑方式和换油周期，及时开展设备维护工作，减少意外停机，避免机械失效，降低设备使用风险，节约用油成本，提高废矿物油回收效率。

第四章 长江大保护实践

长江是中华民族的母亲河，是我国的重要经济动脉、重要生态屏障。习近平总书记多次现场考察长江沿岸发展，指出长江经济带发展要走生态优先、绿色发展之路。中国石化认真落实长江大保护工作要求，开展了一系列岸线整治、生态修复、污染防治工作，取得了积极成效。

确保一江清水绵延后世、惠泽人民。

看水乡油田如何守护青水绿岸

（江苏油田）

江苏油田位于长江下游著名的苏皖“鱼米之乡”，主要油区与洪泽湖、高邮湖、邵伯湖紧密相连。纵横的水网，优美的风光，为石油人带来视觉盛宴的同时，也带来了保护生态环境的重大责任。

水乡油井

根治水污染，实现零排放

20 世纪 90 年代初，江苏油田开展了“含油污水生化及低能耗膜处理技术”和“注水井活动洗井技术在水网地区的研究与应用”等环保科技攻关研究，彻底解决了采油污水处理难题，采油污水 100% 回注，在石油行业内率先实现了采油污水零排放。“含油污水生化及低能耗膜处理技术”获得 5 项发明专利和 6 项实用新型专利，跨入国际水处理技术先进行列。

“十三五”期间，江苏油田实施了包含站库雨水规范整治、生活污水接管、环保厕所等项目的“三年污染防治计划”。同时，大力实施油田集输系统优化改造，停用联盟庄、沙埝、富民等 3 座输油码头，搬迁涉及水源地保护区的崔庄输油码头，担当尽职守则的江淮生态大走廊守护者。

筑牢防控“墙”，化解水风险

为提升本质防控水平，早在 20 世纪 90 年代勘探开发淮河入江水道内的高集油区时，江苏油田就制定了污染防治综合方案，将 7 万余吨废弃泥浆及岩屑回收综合利用，在行业内最早实现了泥浆“不落地”。对临水和水体穿越管线增加套管，加密管线日常检测频次，最大限度地防止管线刺漏污染水体。

按照“保护第一、常备不懈、以防为主、防重于抢”的方针，建立油田、采油厂、生产班站三级环境风险防控责任体系，降低水体污染风险。油田设立防汛减灾办公室和值班室，负责收集、发布气象、水情、汛情信息，在雨季、汛期来临前组织拉网式督察和检查；采油厂成立防汛减灾指挥部，协调指导防汛工作；生产班站成立抢险队伍，保证抢险力量。

利用 EPBP 信息化系统搭建 QHSSE 大监督平台，建立全方位、全过程、全天候、全覆盖的环保监控体系，所有生产设施全部实现远程实时监控。采油厂动态评估泄漏风险并实施分级管理，落实高、中、低泄漏风险管理责任人，建立泄漏风险档案，从工程技术、现场管理、应急处置等方面落实防控措施，确保风险受控。生产班站按泄漏风险等级制定巡线周期，定时、定点巡查，发现问题及时处理。

严格执行“一源一案”，即一个环境风险源制定一个管控方案，每个生产岗位制定“卡片式”应急处置措施。建立区域应急协调机制，每年与地方政府开展联合应急演练。

远程实时监控

源头去“黑色”，实现“绿”发展

针对水乡油田地理环境特点，江苏油田开发应用了具有色度浅、易降解、低滤失、强封堵等优质性能的抗高温环保淀粉基钻井液体系，其生物降解性比传统聚磺钻井液提高近6倍。同时，超强的封堵性能成为一道绿色屏障，起到更强的油气层保护效果，为水乡油田深井钻井液“去磺去黑”的绿色发展之路提供了技术支撑。

井下作业现场污染防控一直存在防渗膜铺设难、回收难、废弃处置难的“三难”问题。江苏油田从2018年开始组织攻关研究，通过一年多的试点与优化，研发出具有水乡特色的绿色修井新型防污染装置，防渗材料结实、耐用、易清洗，可以重复使用200次以上。最终废弃的防渗材料可粉碎造粒，制作PVC管材，实现全生命周期使用，源头上杜绝了危险废物（沾油土工防渗膜）的产生。

使用新型防渗膜的作业井场

为了清水绿岸、鱼翔浅底，孤鹜与苍鹭齐飞，江苏油田筑起一道坚不可摧的水体风险防控“墙”，连续30多年保持零污染、零事故的环保纪录，实现了油水和谐、相依相伴！

码头的故事

（安庆石化）

2019 年 1 月 24 日，安庆石化“8828”新码头 1 号趸船迎来首船拔头油装船任务，经现场采样分析，质量合格，标志着“8828”项目 1 号码头投用首战告捷，也宣告了运行 40 年的老码头将渐渐成为记忆。

沿江老码头的变迁，正是安庆石化呵护长江母亲河的生动实践。

安庆石化新危化品码头管廊鸟瞰图

老码头退出历史舞台

40 多年前，安庆石化在安庆城郊依江建立了东郊油品码头和与厂区相连的 8.8 千米长油气管廊带。此后，又建立了沙漠洲液态烃码头及 2.8 千米液化气管廊。

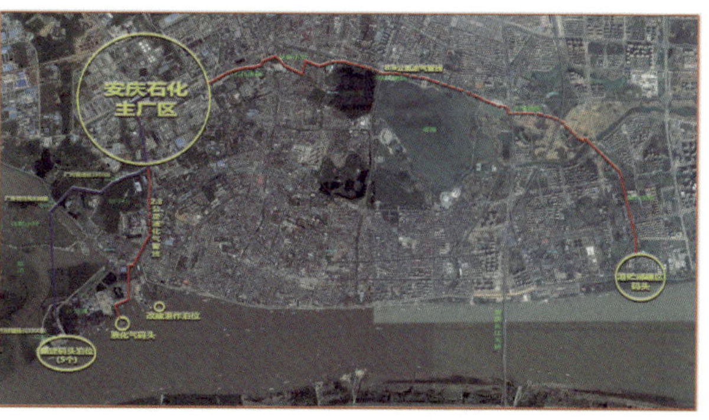

“8828”工程示意图

随着安庆城市建设快速发展，长输管线逐渐被新城区包围，造成了管线穿城而过的状况，存在安全间距不足、防护设施不全、与市政管网交叉并列、埋地管线腐蚀严重等安全环保隐患，给周边居民人身安全带来严重威胁。两个码头分别占据长江岸线 1160 米和 70 米，存在较大安全环保风险。为此，安庆石化开展危化品码头及油气输送管线迁建工作，并将该项目命名为“8828”工程。

拆除过程中，安庆石化攻克储罐底部污油处理、油化品管线无害化处理等技术难题。2019 年 11 月 3 日管廊桁架全部完成拆除落地，作为安徽省“铸安 1 号”工程的“8828”项目圆满完成，彻底消除安全环保隐患。

高标准建设新码头

“8828”迁建项目，是沿安庆石化附近的狮子山西麓一带新建总长 5.7 千米的油气输送管线，在远离城区的沙漠洲新建智能化管理新码头。

新危化品码头水域由上游向下游共布置 1 个 5000 立方米液态烃泊位、4 个 5000 吨级泊位和 1 个港口作业泊位。安庆石化在设计阶段对新码头提出了较高的安全环保标准，建成投用后不断完善。

溢油监测设施

船体污水围堰

新码头加装长输管线泄漏智能监测系统，及时发现管道介质泄漏情况，联锁启动紧急切断阀，控制事故范围，还可智能提供管线泄漏大概位置，以便快速处置。配套建设油气回收设施，对船舶装卸阶段产生的废气进行处理。趸船、引桥及管廊架建有清污分流设施，确保不让一滴油进入长江。船体配备污水舱，接收含油污水及生活污水。建成并投用船舶污染物接收设施，确保靠港船舶生活垃圾、生活污水、含油污水实现全覆盖免费接收转运处理，杜绝直排，保护长江母亲河。

依靠安装在 1#~5# 趸船的雷达实时探测过往船舶，当过境船舶进入码头 100 米警戒水域后，预警雷达立即启动声光报警，并根据距离远近分成 5 级报警效果，以提醒过往船舶注意保持横距，谨慎驾驶。

码头建立完整应急体系，编制应急处置方案，配备应急物资库。同时定期联合政府相关部门开展码头应急演练工作，模拟物料泄漏等突发事件，提高应急处置抢险能力。

新危化品码头建设完成后，安庆石化对新码头开展长江岸线覆绿工作。加固岸线边坡，种植池杉等树种 1100 余株，覆绿总面积达 80 亩，努力打造最美长江岸线。

打造有“记忆”的生态公园

港储码头及液态烃码头的拆除，实现长江岸线退让 440 米。当地政府将在此地块建设安庆市滨江生态公园，总面积约为 6.1 万平方米，绿化面积接近 5 万平方米。在原有港储储罐区域，建设“油罐生态文化中心”，运用艺术手法糅和储罐与现代建筑，致力打造一座具有“记忆”的生态公园。

安庆市“油罐生态文化中心”规划效果图

永久关停 85 岁油库

（湖北石油）

2018 年 11 月，矗立长江岸边 85 年的柳林洲油库永久关停，此地，一江春水缓缓东流，昔日油库繁忙景象永久地留在记忆中。“十三五”期间，湖北石油相继关停了鄂城等 6 座沿江油库以及柳林洲等 16 个沿江卸油码头，搬迁、拆除了陈家墩等 12 座水上加油站，这是湖北石油在保护长江水体安全，积极开展水上综合治理及清退岸线建设，实现绿色可持续发展的重大举措。

关停前的柳林洲油库

柳林洲油库始建于 1935 年，是江汉平原最大的油库，也是湖北石油中心储油库。但是，油库距离长江岸边仅 200 米，油库码头距取水口也仅有 800 米，并且位于荆州市柳林水厂一级保护区内，环境风险大。为守护一城人民饮用水安全，湖北石油决定关闭柳林洲油库，另择新址建设新的现代化油库。

2017 年 1 月，油库码头关闭拆除，外运成品油不再走长江黄金水路。2018 年 11 月底，柳林洲油库永久关停，完成历史使命。关停不代表结束，油库关停后，湖北石油聘请专业单位，清洗油库的油罐、管道等，含油污水全部合规处置，不让一滴油进入长江，并逐步开展生产设施拆除以及土壤地下水调查和修复工作。

柳林洲油库关停了，但是能源供应必须保证。为助力长江经济带绿色发展，于变局中开新局，湖北石油在荆州市开发区滩桥镇现代物流园区、荆州港观音寺江陵港区危化品作业区，分别修建一座新的荆州油库和一座新码头。2020 年 12 月 23 日，荆州油库项目开工建设，将于 2021 年投运，届时一座“安全、高效、绿色、智能”的江汉平原最大，智慧含量高、国内先进的新油库将承担起荆州成品油市场的保供大任。

打造长江最美岸线“石化名片”

（九江石化）

九江石化位于长江之滨、庐山脚下、鄱阳湖岸边，近年来，通过持续推进污染防治、超净排放，实现了炼厂与周边生态环境和谐共生，为保护赣鄱大地和浔阳江畔的青山碧水、绿地蓝天作出积极贡献，打造出长江最美岸线的“石化名片”。

污染攻关＋技术创新　助力绿色发展

九江石化将绿色低碳作为高质量发展的核心竞争力，持续开展污染防治攻坚战。采用国际先进工艺实施污水处理场改造项目，外排污水水质达到国内领先水平；优化CFB锅炉燃煤结构和产地，完成SNCR脱硝、炉外脱硫、臭氧脱硝、高效管束式除尘改造，锅炉烟气达到超净指标排放；实施70余项环保治理和提标改造项目，炼油废水分质集输系统、地下管网防渗技术、苯及二甲苯装车油气回收及油泥脱油与干化技术取得新突破，作为示范技术和装置在行业推广。

九江石化污水处理场观察池

联合开发炼化含硫废气超低硫排放及资源化利用成套技术，硫黄尾气下降到35毫克/立方米左右，获2019年度国家科技进步二等奖。

建成中国石化首个合同环境管理示范项目污泥干化装置，实现危险废物处置“减量化、资源化、无害化”。

打造成为石化行业首个入选国家“智能制造”的示范企业，开发“环保地图”在线监测系统，实现厂区范围内环境管理可视化；实现无线移动 VOCs 监测和 4G 网络技术的深度融合，对厂区内外 VOCs 进行全天候、全过程监测。

护一江碧水东流

2018 年以来，九江石化积极实施 1.9 千米码头岸线综合整治，先后实施油品码头 DCS 系统改造、环保隐患治理、最美岸线生态修复等项目，进一步提升了港口环境景观化、码头环保化、生产安全化、管理智能化水平。

所有趸船采用先进的膜生物反应器工艺处理船舶生活污水，处理后的生活污水优于国家一级 A 标准，与办公区生活污水一并送市政污水管网；作业区、办公区实施雨污分流，洁净雨水进入市政雨水管网，实现污水不入江。

对作业码头进行 DCS 系统改造，增设移动视频与报警联动，对油品装卸过程实时监测、报警，确保每一个趸船、每一座栈桥、每一条管线、每一个阀门、每一次作业受控，确保不让一滴油进入长江。

按生态观光区的标准统一翻新建筑物外墙，沿江堤坝铺沥青面层，对所有趸船、引桥、管线进行防腐刷漆，外露电缆全部进桥架或电缆沟，采用太阳能照明灯，更新趸船围油栏，使油品码头成为最美长江的一道亮丽风景线。

以生态理念规划建设园林绿化，因地制宜确定物种结构，优先种植区域适应性强、有利于水土保持的树种，提高园林绿化的科学性和观赏性，港口可绿化区域实现 100% 绿化，种植树木 500 余棵、草皮 3.6 万平方米，处处皆风景。

九江石化打造长江最美岸线

探索页岩气开采“第二水资源”

（江汉油田）

在重庆涪陵焦页 28# 平台发生了一件奇事：勘探开发的返排水一夜之间消失不见？“减量化－再利用－再循环”，一种全新的清洁生产方式，采用资源化利用代替达标排放，在节省大量清洁淡水资源的同时，有效解决了油气开发过程中返排污水带来的处理困难、处理费用高昂等难题。

建设绿色环保气田

找，“第二水资源”

伴随国内页岩气勘探开发向深层领域进军，涪陵页岩气开发逐步推行大型水力压裂技术，单井用水量超 40000 立方米。该地区属喀斯特地貌，地下暗河发育，溶洞贯通，周围居民生活水大多来源于溶洞。为落实“不与民争水”的整体要求，江汉油田水力压裂取水全部来自乌江，用水需求极大。

同时，压裂后放喷测试和采气生产会产生大量的返排液，成分复杂，处理工序烦琐，成本极高。现场存储和运输过程也存在巨大环保风险，找到“第二水资源”替代新鲜水进行压裂，迫在眉睫。

变，废水再利用

在确定了“减量化－再利用－再循环”的清洁生产方式之后，江汉油田自2014年开始研究低成本、易操作、处理快、效果好的返排液处理工艺流程。

钻井电动压裂现场

研究人员开展返排液成分分析和压裂液质量要求对比，成功研究出“一级去除悬浮物、二级杀菌、三级均质”的返排液三级处理工艺，确保水质符合要求后采取液罐车拉运或者建设管网管输方式，将返排液转运至正在压裂施工的平台进行压裂回用，实现了返排液的循环再利用。

2020年3月，成功研制出可100%采用返排液配置的压裂液体系，实施返排液的循环再利用。资源化利用代替了达标排放，实现了废水零排放和降本增效。

解，“痛点”变“亮点”

三级处理工艺研究成功以来，江汉油田在所属工区内全面推广应用，截至2020年年底，累计处理回用返排液超400万立方米，累计节约成本2.6亿元。

三级处理工艺技术不仅降低页岩气开发成本，减少对环境的污染，节约宝贵水资源，也能有效地减缓与地层水的不配伍性。该技术使返排液变废为宝，很大程度上减缓了供水压力和环保压力；在原井场水池内处理，确保开发施工有池可用，为顺利开发涪陵页岩气提供保障。

如今，压裂现场一排排液罐车被蓄水池替代，原先需要长途拉运、经数十道烦琐工序处理的压裂液返排水，彻底变身储层压裂动力，为增能助排、压裂增产提供动力源泉。返排液处理回用技术的成功运用，助力气田绿色、高效开发，目前该技术在国内各大页岩气开发区块广泛运用，受到一致好评。

船舱“洗澡水” 不能“倒”长江

（扬子石化）

长江奔流入海前的水域，江面开阔，水流平稳，被称作水路运输的“黄金水道”，这就是著名的扬子江。扬子石化就坐落在扬子江畔。

扬子石化坚持绿色发展、转型发展，启动母亲河保护工程投入超过 20 亿元。建成投用一批环保项目，提升了长江航运绿色发展水平。其中，船舶洗舱站项目建设就是扬子石化打好污染防治攻坚战的重要举措。

晨曦中的扬子石化洗舱站

化学品船舶在装运过程中，为保证产品质量，需要在更换装运品种时或者船舱内有杂质沉积时，对船舱进行洗涤。洗舱站是清洗船舶液货舱的专用场所，包括码头、洗舱设备和洗舱水接收、处理或转运设施等。建设水上船舶洗舱站，对实施长江船舶污染治理，完善长江危险化学品运输安全保障体系，加快构建长江经济带绿色发展意义重大。

长江沿线共布局 13 处洗舱站，年设计总能力达到 7800 艘次。江苏境内共 5 处，其中南京 2 处，设计年洗舱能力为 1200 艘次。南京港化工品船舶运输业务多、中转量大，为满足进出港船舶洗舱需求，地方政府决定在南京江南、江北各建造一座油品、化学品洗舱站。

扬子石化负责承建江北水上洗舱站项目。该项目投资 2.24 亿元，包括洗舱码头、洗舱水处理系统、油气回收处理系统和配套工程系统四大部分，是一座高标准、全功能的洗舱站，主要服务于大厂西坝港区，年洗舱能力可达 600 多艘次。

水上船舶洗舱站

洗舱站给船舱"洗澡"时，洗舱水通过管线送往水厂处理，洗舱油气通过尾气回收装置处理，达到绿色洗舱、达标处理的目的，保护长江水体不受污染。该项目于2020年4月29日正式开工，12月28日投入运营，一声声汽笛长鸣，向扬子江宣告扬子石化港区化学品船舶从此开启了绿色航运的新篇章。

扬子洗舱站正在进行第一艘船舶的洗舱作业

扮靓长江母亲秀美容颜

（江苏石油）

“母亲河”长江在江苏段共 433 千米，岸线总长 1169 千米，是长江沿线经济最活跃的一段。作为江苏地区成品油供应的主渠道，江苏石油沿江临河有 11 座水运码头、4 座油库、9 座水上加油站，服务地方经济发展。

近年来，江苏石油坚定不移走绿色发展之路、打造绿色发展体系、形成绿色竞争优势，成为行业绿色发展标杆。

开展长江干流岸线清理整治。2019 年完成姚港油库拆除，这座服务地方经济 61 年的油库自此退出历史舞台。担负着苏州区域 98 号汽油供应任务的平望油库，位于苏州太浦河取水口，距离太湖水源地不足 1 千米，为保护水源，也已关停。在油库清罐环节，为了更有效地分离清罐废物，自制隔油分离装置，回收油品近 9 吨，减少危废产生量 5 吨，该装置已在其他的油库清罐中进行推广应用。

强化水上加油站环境风险管理，严防油品入江。通过设备设施保障、严谨细致的基础管理，实施甲板大围堰与装卸区小围堰截污双保险，江面上常规布设 2000 多米围油栏，以保障溢油事件得到及时有效的应急处置。

推动南京八卦洲水上站，打造功能齐全的绿色水上服务区，建设集生活垃圾、生活污水和含油污水接收存储一体化趸船，提供集加油、商品销售、废物收集、客户休憩等功能于一体的综合性服务。

新建码头生活污水收集箱，将码头生活污水收集处理，防止水污染和生态环境破坏，并与有相关处置资质的单位签订协议，每月对收集箱转移处理，确保生活垃圾、污水应收尽收。在临江临水油库，取消栈桥输油管线上的阀门和法兰，取消顶水作业，以油品循环代替顶水，每年可减少含油污水总量 17.2 万吨，每年可减少 COD 排放 188 吨，从本质上控制环境污染源头。

推进水资源节约保护。在南京玉带油库、苏州通桥油库，对雨水管网后端进行改造，将清洁雨水进行收集，并使用太阳能提升泵将回收的雨水用于油库绿化的浇灌。加油站投用的自动洗车设备，大多采用自动水循环洗车系统，回用率最高可达 80%，年节水量约 80 万吨。

全面展开土壤保护工程。将原来的单层油罐和输油管线改造成双层罐和双层管线，设置防渗漏在线监测系统，配合已全面升级的加油站液位仪系统，完成 2400 余座加油站系统性防渗改造。

向油气泄漏"净零"迈进。在储运销各环节打造"零污染运输通道"，严防"跑、冒、滴、漏"现象；460 座加油站安装在线监测系统，83 座加油站安装了三次油气回收，建成油气回收在线监测系统管理平台，实时跟踪油气回收运行状态。年累计油气回收总量近 8000 吨，每年减少 VOCs 排放 10680 吨。

苏州通桥油库，打造园林式绿色油库

江苏石油正在打造"园林式油库"的通桥油库，种植了香樟、赤杉、樱花、桂花、广玉兰等各类植物，绿化面积达 4.35 万平方米，占油库总面积的 41%，每年可吸收二氧化碳 1500 多吨。走在油库中，仿佛走进了生态园，巡检时经常可以看到野鸡、刺猬、野兔等野生动物。

污泥搬家 还青山之绿

（仪征化纤）

仪征市青山茶果场采砂场边，往日堆满黑色污泥的矿坑已然不见，一眼望去都是原生态的山土和植被，还原了青山本来的容貌。

主动作为还“青山”之青

1986 年，经仪征市城乡建设环境保护局同意，仪征市青山茶果场采砂场废弃的 3 个矿坑，成了仪征化纤公司污水处理和预处理装置生化污泥堆放点。2010 年经环保部门审批，仪征化纤公司污泥干化焚烧装置建成投产，污水处理生化污泥在该装置进行焚烧处置；污水预处理污泥全部送至具有危险废物处置资质的企业进行处置。此后，生化污泥停止向青山茶果场采砂场堆放，但此时的青山污泥堆场已经堆存生化含水污泥约 25 万吨，成为长江沿线的风险源。

为保护长江母亲河，2014 年，仪征化纤公司开始对青山污泥堆场进行改造。2016 年，公司成立青山堆场污泥无害化处置小组，设立 2 亿元的青山堆场污泥无害化处置专项资金，正式启动青山堆场污泥无害化处置工作；制定了《青山堆场污泥无害化处置方案》，严格施工过程“进场、现场、安全、环保、风险”管控，倒排时间节点，确保 2020 年年底完成污泥清理。

青山复原高标准高效率

堆场周围设置围墙和安全防护网，视频监控信号引入公司生产调度系统 24 小时实时监控；配备恶臭抑制剂，对于作业期间可能存在气味的部位喷洒除臭；污泥暂存点设置废气处理装置，对污泥储存产生的异味进行收集治理；对离心脱水机房进行全封闭，最大程度减少对周边居民的影响。

按照环境监测计划对污泥堆场厂界废气、噪声、周边地下水和现场废水进行监测；制定青山堆场环境应急预案，配备应急物资，定期组织应急演练；对清理后的 3 个污泥坑坑体周边进行加固和硬性隔离，及时安排车辆对坑内聚积的雨水进行清运，降低坑体塌方和雨水外溢风险。

1#污泥坑清理前　　1#污泥坑清理后

2#污泥坑清理前　　2#污泥坑清理后

3#污泥坑清理前　　3#污泥坑清理后

污泥清理前后对比

历时 4 年零 4 个月，于 2020 年 6 月，提前半年完成青山堆场污泥清理工作，共清理污泥 8 万余吨，清运渗滤液 23 万吨，合计 31 万吨。对清理后的 3 个污泥坑土壤和地下水现状进行了调查评估，制定了青山堆场后续管控方案。公司严格按照管控方案要求落实各项管控措施，定期对地下水进行监测，确保清理后的青山堆场安全环保风险受控，青山重现绿色容颜，为保护长江母亲河做出了努力。

储灰场“退休”记

（巴陵石化）

蓝天、绿草、堤坝、树木、山丘，成片的小楼民房，高耸的烟囱，釜塔林立的生产装置，蜿蜒曲折的管廊……这是巴陵石化公司云溪电厂原储灰场的周边景象。

50 年前，巴陵石化在这块西接洞庭、北倚长江，地理位置优越的土地上开工建设电厂。30 年前，电厂“油改煤”改造完工，为湿式排渣配套建设的储灰场开始挖山筑坝。

巴陵石化热电部生产装置全貌

炉渣是燃煤在锅炉燃烧后产生的废渣，属一般固废，主要含有二氧化硅、氧化铝、氧化铁等矿物质成分。受限于早期技术水平，湿式排渣技术普遍用于火电行业，云溪电厂锅炉最早采用的就是传统湿式排渣技术。炉渣采用螺旋捞渣机捞渣，捞出的炉渣经碎渣机破碎后，用大量冲灰水冲至渣池，小部分炉渣经脱水后通过渣车转运储灰场，大部分通过 2.35 千米长的炉渣管输送至储灰场堆存。湿式排渣不仅存在水电资源浪费严重、土地征用多、管道泄漏污染、固废堆存不规范等问题，更主要是储灰场粉尘逸散、湿渣运输散落等污染问题突出。长年累月的炉渣转运，特别是夏天，露出水面的炉渣经风吹起后，会产生大量扬尘，影响空气质量和周边居民区的环境。

面对新的环保形势，巴陵石化努力打造“清洁、高效、低碳、循环”的绿色企业，积极推动排渣系统升级改造。参考国内电厂排渣系统成功案例，结合水泥行业现状，组织人员实地考察，反复论证，按照安全环保优先的原则，及时淘汰传统湿式排渣技术，率先将 9 号炉湿式排渣改为钢带干式排渣系统。

干式除灰装置

干式排渣系统工艺简单、占地面积小、运行环境好，产生的干渣综合利用大，被广泛应用于建筑行业，节能节水也十分明显。9 号锅炉改造后，每年节约工业水 30 万吨、电 98 万千瓦时、人工成本 10 万元，年创造经济效益 120 万元；减少了大量固废的产生和堆存，规避了渣水泄漏、灰场扬尘、雨季垮坝等安全风险。

2018 年 8 月，巴陵石化云溪 3 台锅炉均采用了干式排渣技术，同比减少大量生产用工，每年减少工业水用量 110 万吨、节电 200 余万千瓦时；每年 2 万吨的炉渣全部回收销售，直接创造效益 400 余万元。

伴随着排渣方式从“湿”到“干”的转变，曾经 240 万立方米的储灰场早已清空，炉渣“变废为宝”综合利用，储灰场已经覆土覆绿，变成长江边、洞庭畔的绿茵地，一切又回归到 30 年前的初始状态，恢复到早先的绿色。

巴陵石化正以绿色洁净崭新姿态融入长江经济带高质量发展战略全局。

第五章

生态保护实践

中国石化以生态保护为己任，为保护饮用水源，恢复生态环境，维护动植物安宁的栖息环境，主动“舍油让路”，退出生产设施，及时开展生态恢复和修复，动态监测周边生态环境质量，在推进生态文明建设道路上体现央企责任担当。

生态兴则文明兴。

要像保护眼睛一样保护生态环境。

推广丛式井技术 实现环境友好开发

（胜利油田）

丛式井是指在一个井场或平台上设计钻出多口定向井或水平井（一般大于2口），各井的井口相距较小（一般为1.5~5.0米），丛式井的井口集中在有限范围内，井底伸向不同方位和深度。因中国石化东部老油区开发已进入中后期阶段，丛式井开发技术凭借多种优势，成为油田节约土地资源，进行环保高效开发和助力绿色发展的重要手段，胜利油田的滨南、胜坨、浅海区域等开发井多以丛式井为主。

海上丛式井生产平台示意图

胜利油田滨南采油厂白鹭湖丛式井组

与常规井相比，丛式井组较单井征地面积减少80%以上。胜利油田滨南采油厂白鹭湖丛式井组，过去1口井占地约3.9亩，41口井占地159.9亩；采用丛式井开发技术后，整个白鹭湖丛式井组占地只需17.9亩，减少88.9%，既节省土地资源，又保护了当地生态环境，成为城市周边区域采油开发的理想模式。滨17丛式井组位于平方王油田中部，地处滨州市城区内，邻区地表条件复杂，分布多个居民区及旅游风景区，采用丛式井组开发技术后，创胜利油田陆地单平台单次完成井数最多纪录（58口），与同类单井相比，建井周期缩短52.5%，井场面积减小88.9%，钻井周期缩短26.5%，机械钻速提高33.4%，达到了降低开发成本和安全环保风险的目的。

丛式井一般井数多，钻井施工和采油开发单井平均时间短，相比于常规钻井，更能实现绿色低耗能开发。钻井施工过程中，每口井搬迁只需要整拖设备，不需装车搬运，时间短，耗能低，节约成本；钻井时一般使用网电钻机，既减少柴油消耗，又降低噪声及废气污染物排放；钻井液循环利用，不仅节省钻井液材料，降低开发成本，而且大幅减少了钻井固体废弃物的产生。

- 建井周期缩短52.5%
- 井场面积减小88.9%
- 钻井周期缩短26.5%
- 机械钻速提高33.4%

丛式井与单井相比

丛式井组在钻井阶段无须修建大型泥浆池，钻井产生的泥浆通过固液分离和泥浆不落地技术，避免了对土壤和地下水的污染；分离出的固体通过机器挤压成泥饼后，用来烧砖或作为路基填充材料综合利用，分离出的液体经过处理后，回用配置钻井液作为生产用水循环利用，源头减少了清水用量。过去难以处理的废弃钻井液，如今变成了“废中宝”，大大提高了资源利用效率，有效降低了环境污染，实现了绿色发展、高效开发。

胜利石油开发中心青东 5 人工岛丛式井组

立体穿越　让红树林和养殖区岁月静好

（胜利油建）

2018 年，在富饶美丽的湛江海边，中国石化一项长达 4060 米的通明湾海域穿越工程将从大陆横贯海湾，直达中国第五大岛——东海岛。摆在施工方面前的不仅是工程技术上的困难，还有近在咫尺的红树林和漫无边际的养殖区生态保护问题。

穿越数处生态敏感区

通明湾海域穿越工程主穿越段为大陆至东海岛之间的通明海湾，工程自大陆端起，先后穿越鱼塘、国家一级红树林保护区、东风螺养殖区、生蚝养殖区、海虾养殖区等海产养殖区域，长达 4060 米穿越距离，可能产生的大量泥浆及污水，将给红树林区和海产养殖区生态保护带来巨大挑战。而湛江为全国三大台风登陆区域之一，年均遭遇台风 3~4 个，工程主施工期处于夏季暴雨台风期，存在较大的泥浆及污染物泄漏风险。

施工现场周边红树林及湿地

施工现场周边生蚝养殖区

优选绿色施工工艺

承担施工任务的胜利油建选用定向钻进方式，从水域边界确定作业场地，采用 GS6000-T 定向钻机从地表以下 58~60 米处穿越海峡，避免了对红树林和水产养殖区的生态扰动。

整个穿越施工全部选用可降解、环保型处理剂配置的环保钻井液，生物毒性满足海域施工需求；认真规划场区设备布置，泥浆管道全部采用钢管硬连接、地下敷设，最大程度减少场地内泥浆泄漏问题。

施工现场

现场设置硬化泥浆池，全部采用砖、混凝土进行建筑，减少对地层的污染。钻孔内返出的泥浆经沉淀处理后回流至泥浆池，再回收至泥浆罐进行循环使用，减少了泥浆使用量。场地全部硬化处理，表面铺设石子，车辆出入地带铺设钢板硬化，定期洒水降尘，防止扬尘污染。场内建设 2700 立方米大型泥浆池，两小时一次，每日 12 次严格监测数据，确保泥浆性能稳定，减少冒浆风险。

泥浆及废水无害化处理

项目投入了两套国内最先进的处理设备，对定向钻施工中产生的废弃泥浆进行分解、固化处理，实现污水达标排放。废弃泥浆处理系统在进料、压滤、排水、卸料过程中采用自动控制及监测，全部废浆经处理后的滤液达标排放，干渣外运，有效解决了泥浆对施工现场和环境造成污染的问题。

项目选用了以木薯为原料的天然材料制成的高分子泥浆处理剂，虽增加了建设成本，但确保了红树林和养殖区的安全；采用原土配浆解决了泥浆性能要求，提升了材料抗海水污染能力。为减少布设人工磁场对红树林及海产养殖区造成的影响，定向钻导向孔施工全部采用了无线磁靶导向工艺，避免了在海滩大范围施工。

泥水分离机

长达两年的施工期，经历过台风、暴雨多次袭击，但场地内没有一滴污水排入周边海域和养殖区；产生的 1500 立方米废弃泥浆，全部安全处理外输；产生的废水经处理后达到国家二类水质排放标准，实现了工程与自然和谐相处。

增殖放流　以“炼化绿”守护“北海蓝”

（北海炼化）

在北部湾铁山港增殖放流现场，伴随着“哗啦啦”的水声，鱼苗落入水中迅速向四处游弋，它们将在这里安家落户、繁衍生息。截至2020年年底，北海炼化利用海洋渔业资源休养生息的时机进行增殖放流，累计投入1400多万元，投放1.5亿尾鱼虾苗。

北海炼化在石化码头建设之初，考虑到海洋生态保护和渔业发展，即组织编制《石化码头渔业资源生态补偿实施方案》，通过增殖放流的方式保护海洋生物多样性，自2018年以来，先后投放真鲷、黄鳍鲷、卵形鲳鲹、马氏珠母贝、方格星虫、中华鲎等十余种珍稀鱼类贝类，并由第三方机构对入海渔种的品种、规格、质量进行验收，奏响了人与自然和谐共处的绿色发展新乐章。

增殖放流现场

在增殖放流前，渔业人员调节苗种水温使其与放流水域相近，提高苗种对新环境的适应能力，确保成活率。放流当日，渔仓满载的大型渔船从北海石化码头出发，驶入北部湾铁山港海域，通过入海连接管道，将鱼虾贝类苗种徐徐送入大海。为科学评估放流效果，北海炼化组织采取体外标志3万尾黄鳍鲷、分子标记50万尾真鲷的科技手段，进行样本监测和效果评估，综合评价放流对渔业资源的增殖作用、补给作用和水域生态修复作用。

增殖放流现场

碧水蓝天，海鸥飞翔，人鱼和谐。北海炼化在休渔期进行渔业资源增殖放流，是养护水生生物资源的有效措施，企业靠海、用海、养海，积极参与海洋共建，改善渔业种群结构、保护海洋生态是央企应尽的社会责任和环保责任。北海炼化用增殖放流的实际行动养护水生生物资源，保护水域生态环境，既推动当地经济快速发展，又以“炼化绿”守护了“北海蓝”。

保饮水安全 主动退出输油码头

（江苏油田）

金湖，傍水而生、临水而兴、因水而美，淮河入江水道穿域而过，形成了独特的湖光水色。这里是江苏油田人水韵生态的起点，水色氤氲间，孕育了一个“花园式”的水乡油田，赋予了绿色发展的底色与诗意。当历史步入生态文明新时代，为确保金湖人民饮用水源的安全，江苏油田人续写绿色发展新篇章，毅然决定拆迁使用了 24 年的崔庄输油码头。

江苏油田原崔庄输油码头位于江苏省淮安市金湖县戴楼镇境内，负责采油二厂崔庄联合站商品原油外输任务。自 1994 年投产以来，崔庄输油码头始终保持“零事故、零伤害、零污染”，连续 24 年实现安全生产，累计输送原油 390 多万吨，是油田原油外输的重要枢纽和“功勋码头”。

“花园式”水乡油田

2018 年年初，淮安市金湖县自来水厂搬迁选址，崔庄输油码头被划入搬迁后的新水源地保护区范围内，如继续运行将影响集中式饮用水源地的饮水安全。

拆除崔庄输油码头，意味着江苏油田在江苏省金湖县、淮安市洪泽区、盱眙县和安徽省天长市四个县（市、区）内油区生产的原油被切断外输途径，势必会给油田生产带来重大影响。但在生态文明建设与局部利益的重要抉择面前，江苏油田从保护生态环境大局出发、从保护金湖人民饮用水安全出发，毅然选择了前者，主动退出饮用水水源保护区。

2018 年 11 月 22 日开始动工，仅用 3 个多月完成常规半年以上工期的码头迁置工程。整个搬迁、异地新建过程未发生任何安全环保事故，打造了安全、环保、优质工程，在最短的时间内还金湖县人民一湖碧水。

2019 年 3 月 15 日，关乎淮河入江水道生态建设的重大工程——崔庄输油码头迁置工程胜利竣工。

迁置完成的崔庄新码头

码头拆除后，江苏油田对原码头整体拆除、复垦，拆除房屋、栈桥、输油管线等 39 件 15 类设施，复耕农田约 2400 平方米，让昔日的工厂蜕变成了今日的良田绿地。

复耕后的原码头旧址

昔日固废堆放场　今朝生态修复样板

（西南油气分公司）

川西地区是中国石化在四川盆地的重要天然气生产基地，随着天然气开发进程不断加速，固废产生量逐年上升。2010 年至 2012 年，西南油气分公司在川西地区新场气田建设了东泰固化土填埋场，集中规范填埋新场、孝泉等气田开发产生的经无害化处理后的钻井固废。2014 年以来，部分填埋场达到封场条件，陆续开始封场还林施工。但如何做好水土保持、如何抓好生态修复，成为摆在西南油气人面前的一道难题。

“花再大力气也要将东泰填埋场治理好，把生态修复搞好。”西南油气分公司领导班子达成一致意见。通过专项论证、试点试验、提标管控等方面的措施落实，东泰固化土填埋场一天一个新面貌，生态环境持续好转。

抓实治理　解决植被恢复难题

2017 年，一场 50 年一遇的连续强降雨，将填埋场上的覆土和已种植的植被冲刷殆尽。“为什么没有抗住持续大雨冲刷？为什么雨水分流没有起作用？”……几个问号萦绕在管理人员脑海中。西南油气人没有气馁，他们组织国家级科研单位进行水土保持、泄洪导流等方面的研究和论证，采取“隔膜覆土、优势植被、导流分水”等有针对性的措施，按照抗百年一遇强降雨的标准，在 2018 年完成了东泰固化土填埋场隐患治理、覆土改造、植被养护等工作，修建沉砂池 9 座、格构护坡 860 平方米、泄洪导流沟渠近 4000 米、回填黏土和种植土逾 0.9 万平方米，经受住了近两年的夏季强降雨检验，植被长势良好，与周围山体形成良好的生态环境自然景观，抓实治理取得良好效果。

生态修复后的填埋场及截排水沟

提高标准　建生态样板工程

现场植被恢复难题解决了，西南油气人在填埋场景观打造、生态持续恢复方面多措并举，不断加大生态修复投入，持续推进填埋场生态环境好转。依山就势，修建鱼塘，不仅养鱼，还解决了山顶缺水难以灌溉草坪、树苗的问题；填埋场还林区域放养鸡鸭，天然肥料既促进植物生长，又解决了敷填耕植土“土薄不肥”的问题。2019年以来，通过边坡护理、园林种植、耕土施肥等一体化措施，累计恢复治理面积 220亩，景观植物给填埋场增添了勃勃生机，将填埋场变成了绿水青山，一幅“农家乐”景观跃然眼前，实现了从固废堆放场到生态修复示范区的绿色转变。

填埋场景观一角

填埋场全景

持续改进，生态恢复再发力。自 2019 年以来，先后投资 5200 万元对近 60 亩的场地进行护坡强化、加密植被种植，进一步夯实生态样板工程基础，确保填埋场生态持续好转；强化监测监控，维护好挡墙位移监测系统和视频监测系统，应用“毫米级”位移监测设备和全场地监视“眼睛”，为填埋场安全稳定运行提供强力支撑；实施分流改造、隔水沟修建工程，提高了雨污分流风险管控能力。

一条条措施，凝聚了西南油气人抓好生态恢复的坚定意志，一幅幅图片，展示了中国石化负责任的社会形象。西南油气田通过持续抓好填埋场生态恢复管理，探索出了一条循环经济发展道路，因地制宜推进生态产业发展，实现经济、生态、社会效益的有机统一，促进填埋场生态修复示范区可持续发展。

护黄土高原生态　树绿色开发旗帜

（华东油气分公司）

延川南煤层气田位于晋陕交界处，属黄土丘陵沟壑区，区内植被覆盖率不高，水土流失严重，为国家级水土流失重点治理区。华东油气分公司为保护黄土高原生态环境，在煤层气开发中大力实施水保工程、绿化工程和施工防护工程，因地制宜进行保护性开发，成为山西省煤层气行业绿色开发的典范。

开发与保护并行　守护黄土高原

华东油气分公司钻井过程中严格控制钻井作业面积，井场选址和管线选线尽量避开森林植被，道路选线尽量利用现有道路，不随意开设施工便道，减少施工井场道路临时用地，尤其是少占用农田、林地。进入开发期后，根据区域自然条件以及不同场地土壤流失特征、土地整治后的发展利用方向、水土流失防治重点等因素，采用分区防治的水保措施，将水土保持区域划分为集气站防治区、集气平台防治区、集（采）气管线防治区、进站道路防治区、供电线路防治区、施工便道防治区等水保防治区，采用工程措施、绿化整治措施和临时防护措施的方式进行综合治理。针对工区湿陷性黄土易冲刷流失现状，采取排水沟引流、浆砌石护坡、蓄水池消力、挡土梗节流、草袋土挡护的综合治理措施，建设硬化排水沟 2076 米、护坡 8171 平方米，设置挡土墙工程量共计 21398 立方米，有力确保了站区周边水土流失防治到位。施工过程临

水土保持现场

时堆土通过编织袋堆筑防护，利用防护网、临时排水沟进行拦挡，整体拦渣率达到99%，保障施工期间水保工作落实到位。

治理与恢复共进　气田焕发绿色生机

气田开发期间，持续推进植树种草绿化气田，选取冬青、草坪、无芒雀麦、苹果树、紫穗槐等多种植被灌木进行绿化，在场站边坡、浆砌石骨架及站区进行植草绿化。共种草绿化 31 万平方米、种植树 51 万平方米，复耕 104 万平方米，林草植被恢复率超 98.15%，林草覆盖率达到 28.14%。在万宝山水站 4000 平方米的边坡采用客土喷播草籽的方式进行绿化，成为绿化防治水土流失的工程典型，取得了良好的生态恢复效果。如今的延川南工区，绿意盎然、花香四溢，采气生产平台、集输站槐花、格桑花、果蔬香到处飘逸，生产平台树荫和草坪与上下运转的抽油机浑然一体，呈现出一幅和谐美丽的绿色生态画面。

生活基地

生态监测　坚守大巴山“绿色誓约”

（中原油田）

普光气田是我国首个投入开发建设的最大海相整装高酸气田，有亚洲最大生产规模的天然气净化厂，位于四川省达州市宣汉县。这里是长江经济带流域上游和重要水源保护区，660 万革命老区人民常年生活在这里。

从投产建设那刻起，普光气田就与巍巍大巴山许下“我见青山多妩媚，青山见我应如是”的誓约，并将开展生态监测作为履行这一约定的重要举措，构建了污染源立体监测体系，用心呵护气田工区每一寸土地、每一方水源、每一株树木。

在气田开发初期，很多人都心怀疑虑：打井是否会破坏地层？天然气净化是否会污染空气？开发是否会影响生态？面对这些疑虑，中原油田普光分公司主动加压，在同领域内率先开展生态跟踪监测工作，向生态保护更严标准、更高门槛迈进。

没有经验可循，普光分公司多次组织专业队伍走遍大巴山每个角落，最终根据普光地区整体地形特点和二氧化硫扩散模型预测影响范围，按照代表性、可比性、完整性等原则，科学选取了 31 个监测点位，并在非影响区设置了对照点。

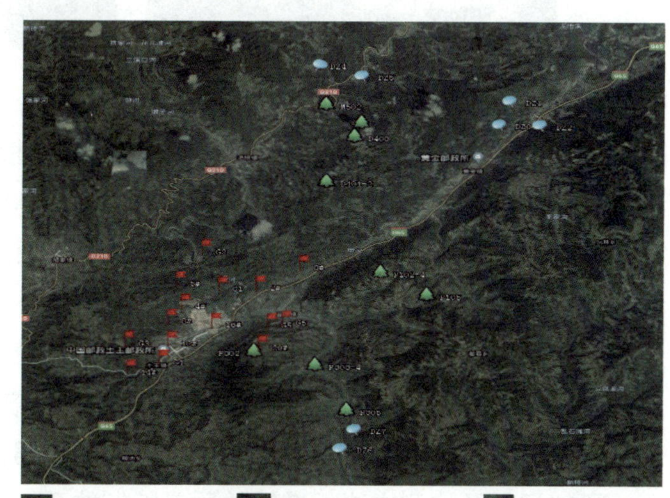

净化厂区域监测点位　气田开发区域监测点位　对照监测点位

普光分公司通过现场调查和试验论证，选取了当地分布区域广、易获取，且对二氧化硫有一定敏感性、代表性的桑树、黄荆、水稻等 21 种土著植物作为监测对象。结合气田环境现状，对监测对象进行实验，论证哪种植物对硫元素敏感、哪种植物对土壤和水质要求高等。经过反复论证和评估分析，最终确定了土壤有效硫、植物含硫量、叶绿素等 17 项监测指标。技术人员在每年夏、秋两季都会开展现场规范采样，对典型植物生长现状进行观察和取证，作为样品留存。

水稻样品采集

慈竹采样

在气田工区内的双树村、灯笼村等 4 个居民聚集区，普光分公司分别设立了生态环境监测“示范田”。100 平方米的“示范田”里，种植了当地农作物、常见花卉、树木等多种植物，供环境监测人员和当地居民随时监测。

普光天然气净化厂周边

集气站周边

2020 年，普光分公司创新引入“层次分析 + 模糊综合评价法”，通过筛选评价指标、建立评价指标体系、确定指标权重等，实现了对生态监测区域整体环境质量的量化评分。该方法是普光分公司技术团队不断攻关后成功应用的又一创新项目，不仅能进一步提升生态监测各项数据的综合分析评价水平，同时也能将历年来各项监测数据进行量化对比，从而更好地指导气田生态环保工作开展。

经过十余年的探索，面对诸多世界级难题，普光分公司不断创新方式方法、研发新工艺新技术，逐步建立并优化了生态监测流程，形成了涵盖作业指导书、程序文件、原始记录及监测方法标准等的质量控制体系，监测内容不断丰富、监测准确性持续提高，为科学评价气田生态环境状况，提供了一套相对成熟且应用性较强的监测流程方法，为其他含硫气田开展生态监测提供借鉴。

“绿色钻井”的全生命周期管理

（西南石油工程公司）

西南石油工程公司钻前工程主要分布在川渝、临盘、新疆等区域，其占地多以耕地、林地、戈壁为主，针对钻前工程在施工过程中可能会造成地面裸露、原有植被破坏、土壤结构改变、水土流失并产生弃土和建筑垃圾等生态环境问题，该公司制定施工前、施工中和后期恢复三个阶段生态保护方案和措施，并在数百口井应用，取得了良好实效。

钻井作业周边生态全景

施工前，充分收集当地生态环境、社会环境资料及法规要求，结合环境影响评价要求，制定针对性的水土保持和环境保护方案并严格执行；提前规定好施工中产生的弃土和废弃物去向，尽可能将钻前工程产生的土方用于植被恢复和土壤改善；广泛征集周边居民对道路施工占地植被恢复或道路保留的意见，提前做好道路规划，避免地方道路重复施工，使建成的道路尽可能方便周边居民出行，造福地方百姓。

施工过程中，通过在井场铺碎石、地面硬化、清污分流等措施防止污水外流；将表土单独存放，在后期完钻后用于复耕；在泥浆罐、泵房、油罐等易发生污染区域铺垫防渗膜、修建围堰、搭建防雨棚，及时收集和处理渗漏物质；在放喷出口处修建放喷池，设置 3.5 米高的挡火墙，减少放喷热辐射对周边植被的影响；合理规划钻井取用水，生产用水主要在河沟、堰塘取水，管线沿乡村道路铺设，不影响周边生态环境。

油罐区域铺垫防渗膜、修建围堰

泥浆泵房区域铺垫防渗膜

根据地层水分布情况，制定钻井施工方案，优选钻井液体系；钻井全过程采用套管固封井身，避免井筒内污染物进入地下水环境；浅表层采取坂土浆（无其他药剂）钻进，控制钻井液密度和施工排量，防止井漏；如遇井漏，采用清水钻进和泡沫钻进，不污染井筒周围地层水；根据各区块地层水的深度，设计导管下深，封隔地层水，防止下开钻井液污染地层水。

钻前施工结束后，道路路面进行硬化处理并采用砂石敷设，减少车辆碾压产生的大量尘土，努力降低对周边环境空气质量产生影响。

“舍油让路” 向“地球之肾”做出暖心承诺

（胜利油田）

山东黄河三角洲国家级自然保护区，是以保护新生湿地生态系统和珍稀濒危鸟类为主的湿地类型自然保护区，由于历史原因，胜利油田勘探开发区域与该保护区地域存在重叠。为保护“地球之肾”，胜利油田毅然决定退出自然保护区内这块油气“富地”，果断退出数百口油水井，重新描擘出一幅“蓝天、碧水、黄河、红毯”的美丽画卷，对自然保护区、对湿地、对湿地中的鸟儿做出最暖心的承诺。

胜利油田按照“安全退出、生态处置”原则，制定了科学退出策略，按照国家法规和行业标准要求，进行油水井永久弃置封井措施。为了封得牢固，采取了注灰封堵，确保封井固井质量“硬如花岗岩”，退出的油水井全部达到永久性封井最高标准，永绝后患。关井封井后，又组织开展环境影响现状评价，采取更严格的措施最大程度保护自然保护区环境，开展生态恢复，将石油勘探开发对环境的负面影响降到了自然保护区生态的承载范围之内，维护自然保护区主体功能。

黄河三角洲国家级自然保护区

井封住了，面对密如蛛网的管线等设施，现场污染防治措施和安全措施一个都不能少，从一根管线到一个螺帽，从钢铁废物到塑料泡沫，点滴不漏、颗粒归仓。在垦东 701 区块，仅平台及道路一项，先后动用推土机、挖掘机、卡车等大型机械 26 台，拉运建筑垃圾 268 车次，其工作量不亚于三峡地区搬迁一个数千人口的村庄。设备拆除后，胜利油田积极采用本土物种，组织员工采集油井周边原始生长的碱蓬等植物种子，将现场早已夯实和硬化的地面全部复垦，撒播草籽，种植芦苇等耐盐碱植物，重新培育出一片青葱翠绿。

如今，在关停退出区域内，昔日抽油机轰鸣的井场恢复了宁静，曾经垒筑的井台被绿植覆盖，丝毫看不出生产过的痕迹。鸟类、底层生物及大型底栖动物逐渐恢复，年轻的湿地焕然一新，优美的环境吸引众多禽类筑巢繁殖。据统计，自然保护区内鸟类由建区时的 187 种增加到 368 种，每年有 600 万只鸟类在此迁徙停歇，其中国家一级重点保护鸟类由 5 种增加到 12 种，二级重点保护鸟类由 27 种增加到 51 种，38 种鸟类种群数量超过全球 1%；成为东方白鹳全球最大繁殖地，也是黑嘴鸥全球第二大繁殖地，荣膺“中国东方白鹳之乡”“中国黑嘴鸥之乡”称号；生物资源保持稳定增长，花鲈、梭鱼、中国对虾等重要经济生物资源不断恢复，生态系统日趋完善。

鸟类在黄河三角洲自然保护区内自由翱翔

做“死亡之海”的生态守望者

（西北油田）

西北油田作为中国石化驻疆企业，主要生产区域位于南疆塔克拉玛干沙漠边缘地带。

为保护当地生态环境，西北油田综合考虑油田可持续发展及自然资源、用地需求、生态红线等因素，做好规划顶层设计，统筹兼顾生态保护和资源开采。自2018年以来，西北油田有序推进胡杨林自然保护区31口油气井及湿地自然保护区74口油气井清退工作。加强环境风险防控，杜绝环境事件发生，绿色发展水平明显提升。

塔里木河沿岸油井与生态和谐共存

西北油田建立了环境敏感区分类统计数据库，开展GIS系统环境敏感因素识别评估应用。油气井勘探开发严格执行环境影响评价制度，落实环保“三同时”措施要求，积极开展水土保持、临时用地恢复等生态保护措施，实现油气资源的绿色开发。

塔里木河湿地生机盎然

塔里木河沿岸生态郁郁葱葱

面对茫茫沙漠，西北石油人不仅做到了“护绿”，更做到了“造绿”。在沙漠中占地面积逾 21 万平方米的联合基地，种植青杨、柳树、国槐等 15 个品种，近 2 万棵树木，绿地面积达 12 万平方米，绿化覆盖率达 53.8%。采油三厂建厂 10 年来，在戈壁植树 10 万棵、绿化面积 27 万平方米，在戈壁建造了一座绿色石油家园。

采油三厂打造绿色石油家园

第六章

温室气体减排实践

中国石化强化温室气体控排管理，大力开展二氧化碳驱油提高采收率技术研发应用，稳步推进二氧化碳资源化利用，积极参加碳交易，持续降低碳排放强度，应对气候变化能力持续提升。

气候变化是全球性挑战，任何一国都无法置身事外。

二氧化碳之绿色妙用

（华东石油局）

华东石油局液碳公司多年来从事二氧化碳资源开发利用、压注驱油以及油田助剂研发，开展二氧化碳驱油技术开发综合利用，是中国石化首支取得石油工程注二氧化碳甲级资质的队伍。

液碳公司黄桥厂区夜景

单井驱油压注现场

驱油增效将二氧化碳“变废为宝”

华东石油局针对中高渗、特低渗、稠油底水等不同类型油藏，研发了二氧化碳吞吐、二氧化碳驱油和气水交替驱三种驱替方式，制定了《砂岩油藏二氧化碳驱动态分析行业标准》，形成了二氧化碳混相状态实时跟踪数值模拟判别技术、二氧化碳驱全过程跟踪调整研究方法等。

自 2010 年起，华东石油局大规模推广 CO_2–EOR 技术，先后与其他油田开展驱油压注合作，累计注入二氧化碳 78 万吨，累计增油 24 万吨。苏北原油产量从 2010 年的 15 万吨增长到 2020 年的 46 万吨，其中，二氧化碳驱油是重要的产量增长点，2020 年 CO_2–EOR 覆盖产量占总产量的 22.1%。

回收尾气让二氧化碳“向零进军”

面对二氧化碳排放带来的气候变化不利影响，华东石油局积极调整产业结构，将回收尾气中的二氧化碳作为可持续发展的重要举措之一。

利用精馏与低温提馏耦合分离技术，华东石油局研发了草舍油田 2 万吨 / 年二氧化碳产出气回收装置，于 2011 年投入运行。草舍泰州组初次封存率达到 86%，二氧化碳净化回收，实现零排放。截至 2020 年年底，累计回收二氧化碳 4.03 万吨，回收的二氧化碳回注地下，获得效益 949 万元。

固定式驱油产出气回收装置

橇装式单井或小井组驱油产出气回收装置

在总结草舍油田二氧化碳产出气回收特色技术基础上，华东石油局针对小井组产出气量小、回收装置和管网现场难以接入的问题，研制出一种小型便携化的橇装式单井二氧化碳驱油产出气回收装置。该装置集低压气体回收、闪蒸分离提纯、烃类低温萃取、成品压注驱油等先进技术为一体，具有高效、安全和环境友好的特点。

华东石油局与南化公司合作，建立 10 万吨级二氧化碳捕集装置，用于江苏地区油田驱油增产，构建“华东 – 南化”二氧化碳减排合作经营模式。在“十四五”期间，计划建成年产 20 万吨二氧化碳尾气回收装置，捕集应用二氧化碳达百万吨，全力打造华东地区 CCUS 示范基地，充分利用工业尾气实施二氧化碳驱油与封存，实现经济效益与环境效益双丰收。

“吃”进 CO_2 “吐”出合成气

（扬子石化）

工业生产中，CO_2 作为一种资源，被广泛用于石油化工、农业、食品、医药等行业。

扬子石化乙二醇装置产生的 CO_2，在原设计中直接排放进入大气，年平均排放约 10 万吨。2009 年，扬子石化与 BP 合资建设年产 50 万吨醋酸装置，与之配套的 CO 装置同步建设，向企业排放的 CO_2 张开了吸收的“口”。

CO 装置建成以后，扬子石化将碳资源的供给和需求匹配作为研究重点，将直接排放的 CO_2 作为生产 CO 的原料，降低天然气使用量及 CO_2 排放量，以实现经济与环境的双赢。

乙二醇装置产生的二氧化碳回收利用

扬子石化技术和设计人员经过精密计算，确认乙二醇装置排放的 CO_2 经过脱水处理后，基本满足 CO 装置原料品质需要，可作为其补充原料，替代天然气用量。通过管道输送，将乙二醇装置产生的 CO_2 引入 CO 装置。该项目投资较小，既降低了 CO 装置投入成本，同时也减少了大量 CO_2 排放。项目投用以来，CO 装置共回收利用 CO_2 约 51 万吨，温室气体减排效益显著。

熄灭熊熊火炬 让天然气“颗粒归仓”

（西北油田）

消灭火炬

石油开采过程中，同时产生的伴生气进入大气，与空气浓度比达到爆炸浓度极限后，极易因火花等引起爆炸、燃烧，破坏周围环境及设备。为消除隐患，传统做法是把这类气体通过火炬燃烧掉。过去，熊熊燃烧的放空火炬是西北油田高速发展、蒸蒸日上的象征。如今，随着“绿色油田”建设，火炬治理势在必行。

西北油田集思广益，从联合站、计转站、单井入手，通过建设负压气提脱硫装置和增设天然气回收压缩机，实现了对大罐气和火炬气的回收。单井火炬治理很快见到成效，初期年回收天然气 6000 万立方米，联合站、计转站甲烷气回收也取得良好效果。随着油田勘探开发不断向外围扩展，西北油田采用更加灵活的方式对外围区块单井天然气进行回收，年回收天然气 5000 万立方米，加工为轻烃产品。

良性循环

顺北天然气含硫化氢，现场设备不具备脱硫处理条件，每天通过放空火炬燃烧天然气约 30 万立方米。西北油田通过市场化下游工厂模式引进天然气处理第三方，处理能力 80 万立方米 / 天。

由于顺北油气田地处沙漠，距离城市较远，油田一方面在顺北引进天然气发电企业利用处理后的天然气发电，供处理站及单井生产用电；另一方面与钻井公司合作，利用天然气发电为钻井队提供动力，既降低了钻井公司的发电成本，也高效利用了放空天然气，实现天然气开发和利用的良性循环。

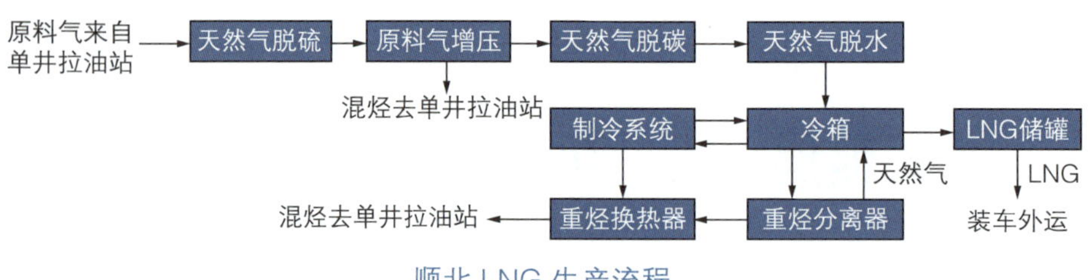

顺北 LNG 生产流程

技术拓展

雅克拉作为西北油田天然气生产的主力区块，为解决天然气处理站检修期间天然气放空难题，雅克拉采气厂一方面优化检修方案，压缩检修周期；另一方面积极与天然气回收企业合作，论证检修期间天然气回收可行性。2020 年，雅克拉集气站检修期间，共 10 口单井（低压 5 口，高压 5 口）需维持生产，本次检修打破以往“只回收原油，天然气放空”的模式，采取业务外包甲乙方设备搭配模式回收天然气，引进一套 50 万立方米天然气处理装置，将检修期间的天然气进行回收，共回收检修气 774 万立方米。检修期间，原油、天然气全产全销，实现天然气“颗粒归仓”。

雅克拉集气站检修气回收装置

“十三五”以来，西北油田利用回收放空天然气、低压气回收、检修气回收，实现了熄灭火炬、回收资源的重大目标，累计回收天然气 8 亿立方米，相应减少 CO_2 排放 1200 万吨。

多管齐下　甲烷减排有实招

（江汉油田）

中国石化涪陵气田是我国首个商业开发的大型页岩气田，面对温室效应气候变化挑战，公司不断探索非常规油气田甲烷减排技术，为节能降碳、绿色发展作出积极贡献。

涪陵气田放空甲烷气主要来源于页岩气井开发试气过程中的放喷燃烧、气井低压低产过程中井筒积液放喷排液和井口天然气放喷燃烧。涪陵气田对症下药，摸索出放喷求产制度优化、“边进站边试气”工艺优化，采用泡沫排采、气举等排采技术，甲烷排放量显著降低。

压裂井工厂现场

优化放喷制度工艺

涪陵气田优化放喷测试制度，由原来四制度（6mm、8mm、10mm 及 12mm 油嘴控制）求产优化至两制度（8mm、10mm 油嘴控制）甚至单制度（8mm 油嘴控制）进行求产。2020 年，通过优化放喷求产制度，页岩气井放喷测试平均周期由原来 2~5 天缩短至 1 天，单井天然气测试放空量减少 10 万立方米，累计减少天然气排放 560 万立方米。

开发试气过程中，从放喷求产到天然气进站过程期间产生的页岩气在放喷池内燃烧耗尽。为减少甲烷气体排放，涪陵气田选取了满足条件的气井，采用自力式高压背压阀，实行生产流程进站测试，大幅度降低了传统放喷测试带来的甲烷燃烧排放。2018 年至 2020 年，通过推广“边进站，边试气”工艺，涪陵气田累计减少放空气量 246 万立方米。

排采技术助力减排

近年来，涪陵气田通过排采工艺规模化应用、井筒分类治理，形成了具有涪陵特色的页岩气井配套排水采气技术。大规模推广应用后，涪陵气田平均单月放喷井次从 542 井次下降到 280 井次，平均单井放喷次数由 2018 年的 1.59 次 / 月下降至 2020 年的 0.51 次 / 月，单月甲烷放喷燃烧排放量从 64 万立方米下降至 33 万立方米。

招数一：气井复产，气举工艺显身手。为减少气井放喷次数，降低甲烷排放量，涪陵气田优选适合气井复产方式，采用压缩机气举和管网气气举技术，复产气井平均减少放喷次数 2 次，年减少放喷次数 570 井次，减少甲烷排放量 67 万立方米。

招数二：气井间开，柱塞工艺有一招。页岩气井在进入间开期后，需要根据气井生产情况周期性地关井恢复压力，开井时往往需要放喷等辅助手段帮助气井复产，柱塞气举排水采气工艺是间开气井的好帮手。2019 年以来，气田累计实施柱塞气举井 28 口，合计减少放喷次数 112 次，放喷气量减少 13 万立方米。

压缩机气举现场

招数三：提高气井稳定生产能力和采气速度。采用增压开采工艺，对气井进行井口抽吸降压，最大限度降低井口生产压力，提高气井生产瞬时流量，恢复气井携液能力，排出井筒内积液，减少气井放喷排液次数。截至 2020 年 12 月，涪陵气田在运行增压开采井 219 口，日度措施增量达到 380 万立方米 / 天，累计减少放喷气量 706 万立方米。

招数四：长期生产，泡沫排采贡献多。随着气井产能递减，井筒积液问题再次凸显。涪陵气田于 2019 年引进泡沫排水采气 + 增压开采复合工艺，向井底注入遇水起泡的表面活性剂，井底液体与泡排剂接触后，产生大量低密度含水泡沫，随气流从井底携带到地面，使水以泡沫形式顺利排出。截至 2020 年 12 月，涪陵气田在运行泡排井 24 口，累计减少放喷次数 430 次，减少放喷气量 215 万立方米。

泡沫排采现场

奏响“沼气优化利用”最强音

（仪征化纤）

提起沼气，人们首先联想到的还是偏远农村地区的沼气池，它取代了传统的劈柴生火，成为家庭做饭、烧水、洗澡的可再生能源。作为大型化工企业，中国石化仪征化纤公司利用污水场产生的沼气，从燃烧排空、沼气发电到综合利用，不断改造演绎出沼气利用“三部曲”。

源头设计减排，降低沼气温室效应

2009 年，仪征化纤公司的污水处理场要在现有的两套生化基础上增加一套。由于污水中有机物成分在厌氧条件下将分解成消化气（主要成分是甲烷和二氧化碳），三座厌氧反应器每年可产生沼气达 900 万标立方米，如果直接排放到大气中，相当于每年排放近 13.5 万吨二氧化碳当量的温室气体。

原燃烧排空的火炬

停运后的沼气排放火炬

若参照行业经验，将沼气收集燃烧后排空，虽然每年温室气体排放量降低至 13650 吨二氧化碳当量，但排空火炬处于无效燃烧状态，能源得不到有效利用，与此同时，仪征化纤公司生产所需的大量电力和蒸汽又需要通过燃煤来提供。一边是多余的沼气白白燃烧，另一边是生产运行需要大量燃煤。为此，仪征化纤公司启动实施了沼气发电项目，于 2007 年 7 月和 2009 年 2 月分批投入运行并网。沼气发电机组投运后，公司将提高沼气发电量作为节能减排、挖潜增效的一项重点工作，通过技术改造和精细管理，沼气产生量达 900 万标立方米 / 年以上，年发电量达到 1200 万千瓦时以上。

沼气发电不仅有效降低了 CO_2 排放，还获得了可观的经济效益。扣除沼气机组维护费用和运行人员费用，每年沼气发电获得效益约 400 万元。

昔日对空排放的熊熊火炬被熄灭，变废为宝，成为清洁能源。

部分替代用气，有效减少碳排放

沼气发电的实施，标志着清洁能源得到了初步利用，但能量转换效率仅有 12%，且受沼气发电机组能力限制，仍有少量的沼气释放到环境中。仪征化纤公司深入分析公司能源结构，对标先进找差距，终于找到了符合公司实际的沼气综合利用之路。

公司聚酯装置生产配套多台热媒炉，需要使用外部大量的天然气作为加热能源，结合其他企业先进做法，全流程研究沼气综合利用技改方案，最终形成了将沼气通过管道送到装置热媒炉焚烧的方案。

聚酯装置热媒炉

2016 年 12 月，沼气送烧项目投运成功，每年可替代天然气约 700 万标立方米，折标煤约 9000 吨，增效达 1000 万元以上；能量转换效率达到 94%，实现了节能减排改造的预定目标。

仪征化纤公司逐步优化沼气系统运行，提升污水有机物去除率，沼气送烧量逐年提高，天然气替代量逐年增加。解决了天然气紧缺的困扰，相应减少碳排放，增加了用气调度平衡手段，确保公司生产负荷和产品质量稳定，也为公司创造了更多效益。

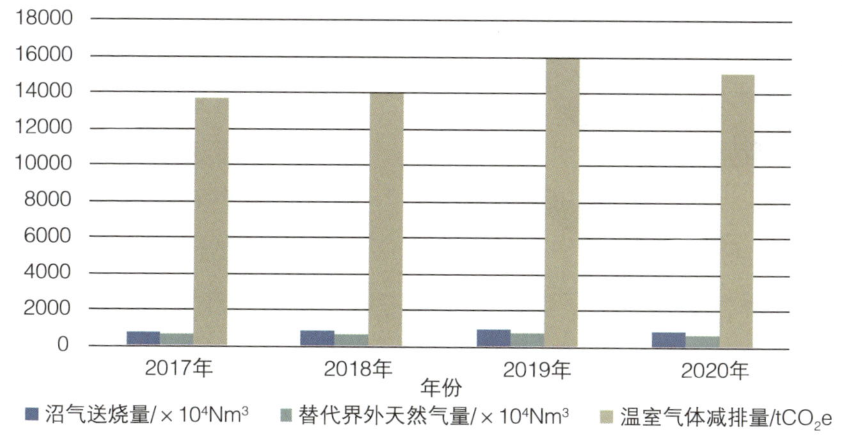

2017—2020 年沼气送烧量统计

“本土化”与“差异化” 探寻碳足迹

（大连石油化工研究院 中石化节能技术服务有限公司）

“扬汤止沸，不如釜底抽薪”，温室气体减排亦是如此。对中国石化而言，唯有全面准确掌握所生产石化产品对环境产生的影响，才能采取可行的措施减少供应链中温室气体排放。研究温室气体核算与评价方法，是科学制定减排路径的基础。

从无到有，开启中国石化产品碳足迹新征程

产品碳足迹是指单一产品从原材料开采、产品制造、使用直至废弃的整个“从摇篮到坟墓”全生命周期过程中，因燃料和材料的使用以及处理所导致温室气体排放，以标签的形式告知消费者产品的碳排放信息，已逐步成为低碳产品标志的一种趋势。

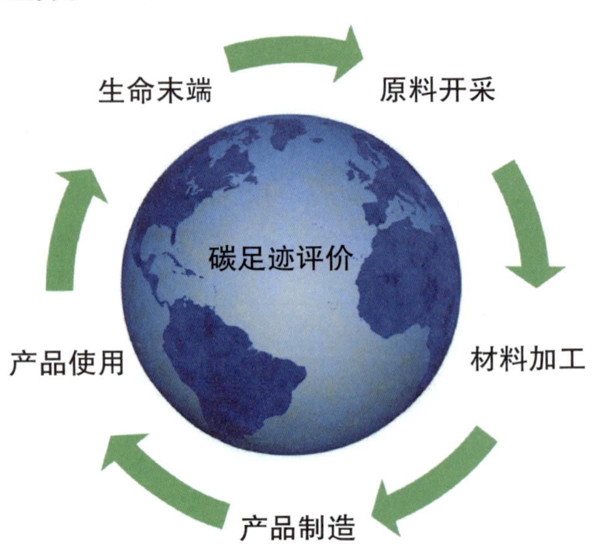

“十三五”期间，中国石化积极探索石化产品碳足迹技术，分阶段、分步骤对多种产品开展碳足迹研究。面对全新的技术领域，大连石油化工研究院和中石化节能技术服务有限公司的研究人员充分调研国内外碳足迹核算资料，现场调研国内炼化企业现状，对生产数据进行分析研判，完成了石化产品碳足迹核算方法的构建，并创新性解决了石化产品碳足迹核算关键参数缺失及适应性的问题，建立了石化产品碳足迹计算模型，提出了更适用于国内炼化企业生产情况的碳足迹核算与评价方法，填补了我国石化产品碳足迹核算的空白。

以点带面，拓宽中国石化绿色低碳发展之路

经过几年的摸索与努力，自主开发的石化产品碳足迹技术已在中国石化系统内多家油田、炼化及销售企业得以应用。2019 年至 2020 年，完成了齐鲁石化沥青产品、北京石油销售分公司成品油产品及全系统润滑油基础油、航煤、对二甲苯及聚丙烯等 4 种产品碳足迹核算工作。碳足迹核算与评价不再是书面上刻板的数学公式与计算模块，而是逐渐成为能够为企业实现经济效益和社会效益的有力抓手。

由表及里，夯实中国石化特色核算评价基础

中国石化在石油化工领域先驱性探索碳足迹技术，不仅在“表面”上实现石化产品碳排放量的准确核算，同时在“内在”里对碳足迹技术进行更深层次的挖掘。

企业在生产过程中，往往会实施多种减排技术，但减排技术纷繁复杂，如果不进行准确细致的排放分析，很有可能造成减排效果差、减排成本高等问题。

“有的放矢”方能“事半功倍”。根据石化产品碳足迹核算结果，创新提出碳排放识别方法，通过对排放源、单元装置、全生命周期三个层次的排放热点分析，为企业针对性实施减排技术提供依据，并可据此形成评价—反馈—评价的循环性碳排放评估机制，为石化产品碳足迹监测提供保障。

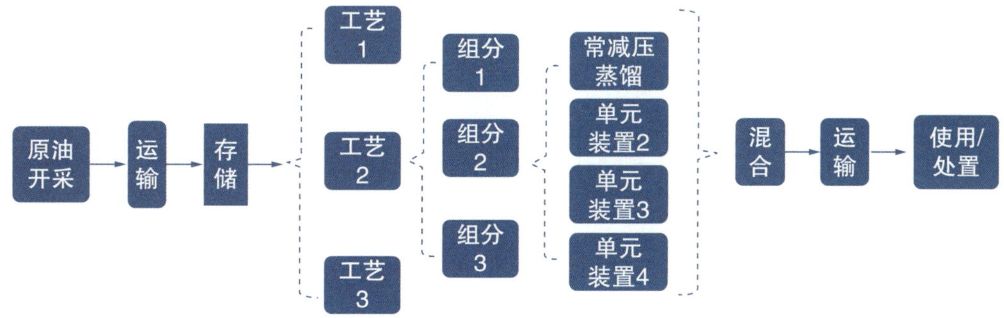

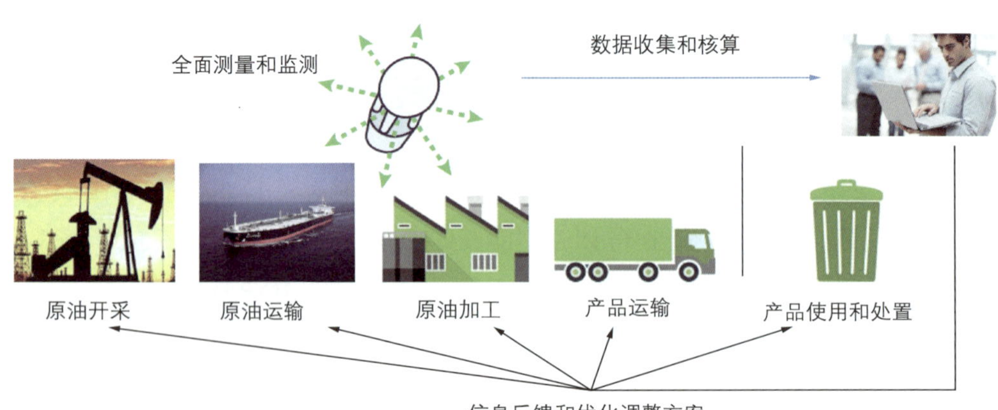

“追根溯源”方能“精准施策”。诸如水、电、蒸汽等造成的温室气体排放往往会成为减排的根本，基于此创新性提出二次能源调整方案，通过对能源转换装置所消耗的煤、石油焦、燃料气等一次能源转化效率的研究及热电生产比例的调整，提出石化产品低碳生产调整策略，实现生产过程的洁净化、低碳化。

“卖碳翁”的生意经

（胜利油田）

随着胜利油田进入中后期开发，采出水量逐年增加，为补充地层亏空，采出水经过处理后被循环注入地层内，但仍有富余量无法利用。一方面，剩余采出水处理难；另一方面，原油需要蒸汽进行升温。胜利油田开展科技攻关，科学合理地处理了这一难题，并申报成为中国石化首个自愿减排项目。

余热利用实现碳减排

油田采出水存有较大余热利用潜力。以胜利油田鲁胜公司为例，每天采出水总量为 11000 立方米，采出水温度为 45~80℃，能量得不到回收。同时，采出原油需要外购蒸汽升温以便输送，蒸汽使用量日均百吨以上。如何对采出水余热进行回收利用、节能降耗，成为胜利油田挖潜增效的方向。

采出水余热回收装置

对此，油田开展了采出水余热提取研究，新建采出水余热利用工艺装置，于 2013 年投产运行。该项目提取采出水余热，用于原油加热，减少外购蒸汽费用 1290

万元，年减排二氧化碳 5029 吨，实现了经济效益和环保效益双丰收。目前，胜利油田采出水余热资源综合利用技术达到国内一流先进水平，并形成了行业标准。

“烧碳”“卖碳”两不误

余热利用项目运行后，胜利油田及时抓住国家试点碳交易市场的利好信息，积极申报 CCER 项目。2016 年 8 月 22 日，胜利油田采出水余热回收利用 CCER 项目通过审查，成为中国石化首个国内自主开发的温室气体自愿减排项目，年核证二氧化碳减排量 5029 吨，胜利油田成为名副其实的“卖碳翁”。至 2020 年年底，胜利油田累计核证减排量 2.5 万吨，按照目前每吨 20 元价格计算，预计创效 50 万元。

引入 CCER 创收“绿效益”

（高桥石化）

高桥石化在 2020 年碳排放权交易中，通过开展 CCER（国家核证自愿减排量）置换操作，为公司碳资产交易额外创效逾百万元，在推进绿色发展中取得“绿色”效益。

做好进入碳市场交易准备，完成碳市场首单交易

高桥石化碳盘查工作始于 2012 年 11 月份，首次盘查无经验可借鉴，盘查人员一边学习一边做数据盘查工作，集中一个月的时间，完成了高桥石化 2009 年至 2011 年碳盘查报告。

2013 年 11 月 26 日，上海市碳排放交易启动仪式在上海环境能源交易所举行，作为全国强制碳市场之一的上海碳交易市场正式启动。高桥石化和上海石化共购买了申能集团 6000 吨碳配额，完成了基于配额的首笔碳排放权交易。这是中国石化在碳交易方面的有益尝试，迈出了关键一步，也是我国培育和发展环保市场的重大突破性进展。

引入 CCER 交易机制，迈上“绿色”效益之路

CCER（Chinese Certified Emission Reduction），即国家核证自愿减排量，是依据《温室气体自愿减排交易管理暂行办法》规定，经国家发改委备案并在国家注册登记系统中登记的温室气体自愿减排量。为避免超额排放受到处罚，排放配额不足的企业除可向拥有多余配额的企业购买排放权外，碳市场还存在一种抵消机制，允许企业购买一定比例的 CCER 来等同于配额进行履约。

2019 年年初，高桥石化结合自身减排量多、碳配额余量充裕的有利条件，着手办理国家自愿减排和排放权交易注册登记，申请材料报送至上海市环境能源交易所，审核通过后再报送至国家注册登记中心。2019 年 3 月，公司 CCER 交易账户正式开通；5 月 9 日，首次置换交易成功，此举为公司碳资产交易额外创效 104 万元。自此，高桥石化在碳排放交易中迈上了“绿色”效益之路。

高桥石化不断创新优化碳排放交易工作，制定碳配额交易与 CCER 置换方案，积极利用结余配额进行市场交易，“十三五”期间，高桥石化通过碳交易为公司增效 1600 余万元。

高桥石化厂区

完善碳排放工作方法，提高能源管理水平

高桥石化不断完善公司碳排放管理制度，进一步梳理了公司内部有关碳资产管理各节点业务流程，优化碳减排工作方法，实现了碳排放量及强度逐年下降的目标。同时，通过强化精细管理，降低能源消耗，实施多项节能低碳项目，有效减少燃料气、电和蒸汽用量，降低二氧化碳的排放量。结合公司绩效考核，进一步促进全员提高节能意识，建立能源管理体系，提升了公司能源体系运行管理水平。

40 个日夜“搞定”碳交易

（燕山石化）

2020 年，随着北京市进一步收紧工业企业二氧化碳排放权配额分配数量，燕山石化年度碳排放权履约压力骤增，面对碳配额严重不足的问题，从 2020 年 8 月 4 日到 9 月 11 日，燕山石化完成购买所需碳资源的线上操作，不足 40 个日夜，从对“碳交易”的懵懂，迈向了“碳交易”的实践。

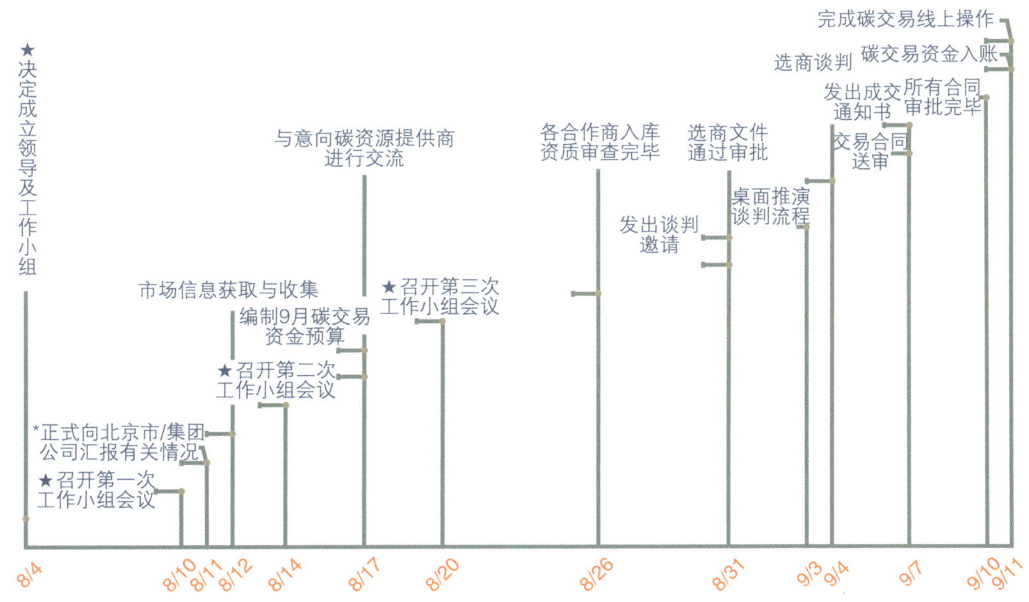

2020 年碳排放权履约交易工作进程图（8 月 4 日~9 月 11 日）

片段一：内部决策与外部指导

燕山石化认真分析公司碳排放管理现状，细致研判可采取的措施，成立公司碳排放权履约交易工作小组，明确管理职责；建立燕山石化碳排放权履约交易工作周报制度，及时汇报和解决问题；积极向北京市和集团公司主管部门汇报进展，争取更多指导和帮助。企业很快找到了行动方向，最终确定了高效的碳管理道路，明确了可获取碳资源的目标群体，找准了自身在碳市场和在碳交易中的角色定位。

片段二：执行中的场景群像

方向有了，目标资源圈定，接下来就是行动。

场景 1：信息交换与交流。碳排放权履约交易工作小组先后与 15 家履约单位及投资机构进行了多轮次沟通与交流，逐渐开拓了思路，比如在报价方式上，除了进行常规的单一品种碳资产报价，同时进行组合碳资产产品报价，为寻找更优报价增加更多的可能性。

场景 2：信息化工具的制作与运用。如何才能从更多的报价中选择出最符合公司需要的最优报价呢？选择要素包括资产可提供时间、品种、数量及功能要求等，北京市可供交易及履约使用的五大类碳资产，分别持有在不同的交易对手中，如果将全部碳资产单一报价和组合报价进行分析，择优选择，必须要有很好的方法和工具支持，才能在选商比选时为双方公认和接受。

燕山石化仅用了不到 4 天时间，从评估可行性、对接详细需求到编制程序源代码，之后又增加制作了前台简易操作及展示界面，并对相关人员进行了程序使用培训。碳交易“选商宝”在正式谈判中顺利登场并发挥了其不可取代的作用。

场景 3：桌面谈判推演。碳交易选商无疑是块少有的硬骨头。在谈判方案和选商文件初步编制完成后，事前对谈判的全过程进行模拟推演成为查缺补漏的有效手段之一。为防止“选商宝”制作不成功或在临场使用中出现问题，还特别制作了简洁明晰的选商核算表，作为应对突发状况的备选方案，为碳交易顺利运行增加了一块压舱石。

场景 4：临场选商实战。选商谈判小组人员由公司各职能部门精兵强将组成，阵容强大。通过多轮次的逐一谈判，耗时约 6 个小时，一次性选定了各类碳资源的交易对手、锁定了足够数量的碳资源，获得了较为理想的结果。

经测算，2020 年燕山石化碳交易在争取配额方面节约费用支出约 845 万元；在配额购买方面节约费用支出约 3014 万元；在运用抵消机制方面节约费用支出约 405 万元；在核算规则方面节约费用支出约 204 万元，合计降本减费 4000 余万元。同时还创建了公司的碳排放标准化台账，推进了碳排放管理信息化平台建设，增加了碳排放预算管理，建立了各排放源的监测计划。

第七章

绿色技术实践

中国石化大力研发、推广和应用绿色技术，开发环境友好的绿色产品；大力开发和应用燃烧废气、工艺废气与 VOCs 治理技术，污水提标改造技术，固体废物资源化、减量化、无害化技术，土壤和地下水污染防控技术，二氧化碳捕集技术，绿色节能技术，取得了一系列创新成果，为企业结构调整和转型升级提供技术支撑。

依靠更多更好的科技创新建设天蓝、地绿、水清的美丽中国。

绿色工艺技术

“花园油田”——环保钻井液的亮剑之路

（江苏油田）

江苏油田地跨苏皖两省，油区内江河湖网纵横，主要油区分布在京杭大运河和淮河入江水道两岸，南水北调东线工程穿越油区而过，自然风光优美，被誉为“花园油田”。

“花园”里打井

为消除对传统“三磺”钻井液的依赖，源头杜绝污染，江苏油田工程院经过两年努力，成功研发了抗高温环保淀粉基钻井液，截至 2020 年年底，已推广实施 20 余口井，申报两项发明专利。

迎难而上，寻求良方

如何实现深井钻井液抗高温、井壁稳定、储层保护，同时满足环保要求，是摆在科研人员面前一项新的重大课题。2018 年，中国石化启动《环保淀粉基钻井液处理剂开发及应用研究》科研项目，研究团队秉承“源头控制、过程强化、综合回用”一体化研发思路，历经 6 个多月，以环保淀粉基材料为核心，由多种主剂与辅剂组成的抗高温环保淀粉基多功能钻井液配方终于研制成功。该体系抗温达 150℃，具有色度浅、易降解、低滤失、强封堵的突出优势，生物降解性比传统聚磺钻井液提高近 6 倍。

利剑出鞘，首战告捷

2019 年金秋十月，抗高温环保淀粉基钻井液在沙 X84 井开展现场试验。抗高温环保淀粉基钻井液体系稳定的流变性、较强的降滤失性和封堵性，确保了该井顺利穿越 1170 米阜宁组不稳定地层和 130 多米长井段辉绿岩易漏地层，圆满实现科研试验目标。

抗高温环保淀粉基钻井液体系的实施，不仅成功解决了沙 X84 井的钻井难题，同时为江苏油田首次在阜二段页岩层连续 8 次系统取芯，以及阜三段良好的油气发现，提供了强有力的技术保障，经受住了复杂深层地质环境和井眼条件的严苛考验。

一鼓作气，持续推进

首次试验成功后，项目团队进一步优化配方和技术工艺，使该项技术在不同类型的深井得以全面推进，呈现隐蔽油藏、致密油藏以及域外区块多井发力、多点开花的良好态势，规模效应凸显。

在风险探井刘陆 1 井取得重大油气突破后，紧锣密鼓部署了刘陆 2 井，成功助力 5 次取芯和阜三段油气发现。该井的钻探证实了刘陆 1 块南北连片含油，成为 2020 年增储上产的重要区带。项目团队一鼓作气，持续推进，在多口井先后开工、时间交叉重叠的情形下，累计采集井浆开展抗 120℃、150℃全套流变性、滤失性等综合性能研究 22 组，为现场深井调整改善体系性能提供充足的数据支持。

致密油藏井联 38-8 钻遇油层 10 层 44.8 米，创造了联 38 块单井钻遇油层厚度的新纪录；徐闻 13 井初期试油折算日产油 19.2 立方米，重新燃起了徐闻地区勘探开发的新希望；肖 15-1 井完钻井深 4131 米，创抗高温环保淀粉基钻井液应用井深最深纪录，井底温度近 140℃，并在垛一段、戴二段、戴一段获得了 215 米的优良油气发现，为油田储量升级及拓展勘探提供重要技术保障，揭开了肖刘庄、秦营、永安等富油区油气发现的新篇章，抗高温环保淀粉基钻井液在助力发现和保护油气层方面取得重大成果。

田野中的肖 15-1 井场

天然高分子钻井液　助力“碧海工程”

（胜利石油工程公司）

万顷波涛中，钻井平台矗立于海天之间，钻井工人忙碌其上，海鸥徜徉在平台周围，偶有信鸽、海鸟落下小憩，水中成群的鱼儿也常在平台边追逐嬉戏。这是胜利石油工程海洋钻井公司倾心构建的钻塔与大海和谐共处的美丽画面。

胜利石油工程海洋钻井公司致力于海上平台环保管理，研发的天然高分子钻井液成为践行“碧海工程”的一个缩影。

胜利二号和胜利三号钻井平台

坚持科技创新引领，助推新技术“出炉”

泥浆污染问题一直是海上钻井作业环保工作中的难点，常规钻井液为聚合物，其中的处理剂由聚合物大分子包被剂、聚合物中小分子降滤失剂及沥青类防塌剂、磺化类降滤失剂组成，存在污染海洋环境风险。

海洋钻井公司与相关科研单位联合攻关，摒弃以化学合成生产钻井液的方法，尝试以天然物质为原料制备钻井液处理剂。

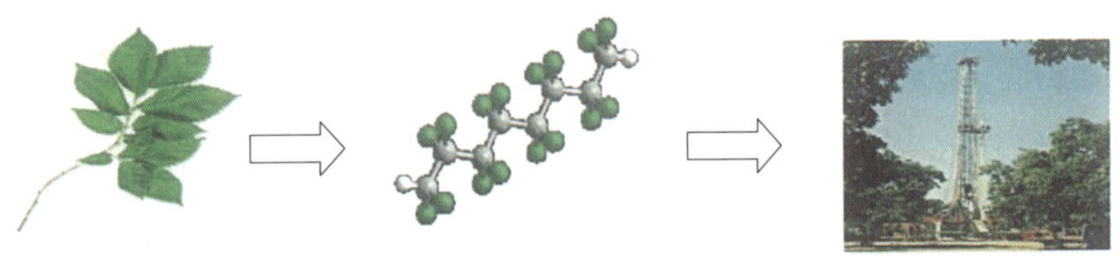

秉持匠心造“良方”，破解环保难题

天然高分子钻井液主要原材料是改性天然物质，以天然高分子包被剂、天然高分子降滤失剂、无荧光白沥青、干粉聚合醇为主。国家海洋环境监测中心对各处理剂、钻井液体系进行了生物毒性及化学毒性评价，证明它们无毒、无害，对环境无污染，得到了国家海上环保主管部门的检验认可。

应用推广新技术，提升发展新动能

天然高分子钻井液在埕岛油田各种类型的 5 口井上进行了推广应用，结果表明使用天然高分子钻井液体系的丛式井组，施工速度快、成本低，保护油气层效果较好，已完成的 4 口生产井均获得工业油气流。该技术在创新公司发展新动能的同时，为海上生态环保筑起了一道“绿色屏障”。

“新胜利五号”钻井平台

芳烃成套技术圆石化人自立自强之梦

（海南炼化）

从海南炼化首套国产化大型芳烃生产装置吸附塔顶俯瞰，装置干净如洗、厂区绿荫为伴，越过炼油装置向正西方眺望，不远处的北部湾畔海水湛蓝、天空透亮。

芳烃生产装置全景

打破国外垄断，开发自主芳烃技术是几代石化人的梦想。2009 年，中国石化专门成立了芳烃成套技术攻关组，汇集科研、设计、建设、生产等单位的 2000 多名技术人员联合攻关，成功开发了具有完整自主知识产权的高效环保芳烃成套技术，对于解决粮棉争地矛盾、守住我国 18 亿亩耕地“红线”，具有非常重要的战略意义。

新型环保技术，降低“三废”排放指标

海南炼化地处国家生态文明示范区、海南自贸港。行走在海南炼化管廊错落、塔林巍巍的装置区，烟囱高耸入云却看不到烟。

开发应用新型高效的歧化、异构化催化剂及吸附剂，以多级孔分子筛催化材料为主体的脱烯烃催化剂，对传统白土精制技术实现替代，固体废物产生量降幅达 98%。

创新开发含芳烃污水处理技术，处理后的污水芳烃含量低于 0.05 毫克 / 升，远低于国标排放限值，且杜绝了输送过程中 VOCs 排放。

为防止装置内无组织排放的物料和地下污油管线、污水管线泄漏后渗透至土壤、地下水系统，装置区采取了安全实用、经济合理的防渗措施。

采取提高法兰等级、设置设备静密封泄漏安全隐患物联网监控系统等方式，解决了法兰变形出现介质泄漏的难题，杜绝了 VOCs 无组织泄漏。

目前，芳烃装置实现了空中无异味、地上无泄漏、地下无渗透的“近零排放”。

新型芳烃生产装置废气、废水排放指标远低于国家现行指标要求

项目	国家标准	实际监测值
烟气 SO_2/（mg/m^3）	≤ 100	12.5
烟气 NO_x/（mg/m^3）	≤ 150	43.0
废水 COD/（mg/L）	≤ 60	41.9
废水含油量 /（mg/L）	≤ 5	1.2

能量深度集成利用，促进能效提升

新型芳烃成套技术采用了自主研发的能量深度集成与低温余热发电新工艺，装置总能耗达到国际领先水平。

先进的工艺和高效转化催化剂，降低了装置常规规模、反应温度和加热炉的燃料消耗以及循环压缩机的功耗；热能整体优化利用技术，实现了能量梯级、高效利用。

创新采用提高加热炉的余热回收技术，选用铸铁板翅式空气预热器，具有换热效率高、耐烟气低温腐蚀、运行周期长、密封性能好等优点，可使排烟温度降低至 95℃以下，热效率达到 94%。

充分利用低温位热量，针对不同的低温热源，创新采用低温热发汽综合利用技术、低温热热水发电技术等两项热量回收技术；通过选用高效节能设备降低能耗，大幅减少热量损失，节约能耗。

一系列能量深度集成与低温余热发电新工艺，使得芳烃装置能耗逐步降低。从一代、二代再到三代芳烃，装置各项指标、能耗指标不断提升。三代芳烃装置能耗在二代芳烃技术的基础上再降低 25%，每年可节约操作费用近 1.3 亿元，减排二氧化碳 9 万吨。

目前，环保型芳烃成套技术已在扬子石化和海南炼化 60 万吨 / 年大型对二甲苯项目成功应用，装置实现了安全、平稳运行，多项单元技术在国内广泛应用，并已推广到沙特阿拉伯、印度尼西亚、白俄罗斯等国家。

自主研发硫黄回收新工艺

（九江石化）

九江石化“7+7”万吨/年硫黄回收装置采用高效节能硫黄回收尾气处理工艺（LQSR节能型尾气处理工艺），烟气SO_2排放浓度由960毫克/标立方米降至50毫克/标立方米以下，SO_2减排同比降低90%以上，达到国际领先水平，成为炼化企业硫黄回收装置的标杆。

九江石化硫黄回收装置

节能型尾气处理工艺

九江石化硫黄回收装置采用“炼化含硫废气超低硫排放及资源化利用成套技术”中的两个子项：低温尾气加氢催化剂和高效节能型硫黄回收工艺，并在低温型尾气加氢催化剂工业应用技术基础上，应用LQSR节能型尾气处理工艺，通过重新设计蒸汽平衡及加热方式，创新构建硫回收工艺流程。开发先进控制系统，简化了工艺流程，降低了装置投资，具有显著的节能效果。

与采用常规尾气加氢催化剂、加热方式为管式炉的流程相比，LQSR 节能型尾气处理工艺具有降低尾气进加氢反应器的温度、能耗低、排放烟气二氧化硫含量低等特点。对大、中型硫黄回收装置可降低装置单位能耗约 30%。此外，由蒸汽加热器代替工业炉，可省去配风控制系统及联锁系统，既节省投资又简化操作。

高效节能型硫黄回收工艺的开发应用成功，打破了 SHELL、JACOBS 以及 KTI 等公司在硫黄回收低温尾气处理技术上的垄断局面，使我国具备完全自有技术、独立进行硫黄回收低温尾气处理的设计能力。

成功研发双氧水法制环氧丙烷（HPPO 法）成套技术

（石油化工科学研究院）

环氧丙烷是丙烯的主要衍生物，广泛用于国民经济各个领域，消费量日益增加。石油化工科学研究院等 5 家单位共同开发了双氧水法制环氧丙烷（HPPO 法）成套技术，可将丙烯一步法选择性氧化生成环氧丙烷，操作便捷，条件温和，且产品质量高，物耗能耗低。与传统氯醇法相比，不仅避免了氯气的使用，环氧丙烷吨产品的污染物也得到大幅减量，其中，废水从 40~80 吨降低到 1 吨；无固体废渣产生；碳排放是共氧化法（PO/TBA）的 70% 左右，且没有联产物。2014 年，长岭分公司采用该技术建成国内首套具有自主知识产权的工业装置，设计产能 10 万吨 / 年，运行以来，各项指标达到相关要求。

长岭分公司 10 万吨 / 年 HPPO 法环氧丙烷工业装置

2018 年中国石化技术鉴定认为，双氧水法制环氧丙烷（HPPO 法）成套技术总体达到国际先进水平，其中催化剂技术和物耗达到国际领先水平，并开始广泛推广应用。

节能高效吸附脱硫技术　助力汽油质量绿色升级

（石油化工科学研究院）

为减少汽车尾气污染，我国快速推进汽油质量升级，以实现超低硫为主要目标，分阶段将汽油硫含量从不大于 500 毫克 / 千克降低至 10 毫克 / 千克，12 年内达到世界一流水平，而生产清洁汽油的关键之一是对催化裂化汽油进行超深度脱硫。

催化裂化工艺在国内炼油厂广泛应用，所产汽油约占我国汽油总量的 67%，其具有烯烃含量高、硫含量范围宽（80~1600 毫克 / 千克）的特点。常规技术通常需要先轻重组分分离后分别脱硫，超深度脱硫存在辛烷值损失大、能耗高、氢耗高等突出问题。针对此问题，石油化工科学研究院成功开发了“S Zorb 国产吸附剂的开发及工业应用”，成功打通吸附剂生产流程，生产出第一批合格的产品，彻底打破国外技术封锁和垄断，填补行业空白。

深入基础研究，攻克超深度脱硫技术。常规脱硫过程存在两方面的缺陷，一是生成的 H_2S 易与烯烃反应生成硫醇严重影响脱硫深度，二是高氢分压下烯烃易饱和导致辛烷值明显损失。针对催化裂化汽油在超深度脱硫时烯烃饱和导致辛烷值损失大的共性问题，基于分子尺度表征和理论计算，揭示了 Ni^0–ZnO“反应接力”脱硫机理，开发出微球瞬时均匀浸渍技术，实现了 Ni^0 和 ZnO 活性中心可及距离的定向控制，构建了具有最小可及距离的 Ni^0–ZnO 耦合活性中心，其能够瞬时吸收加氢生成的 H_2S，杜绝了 H_2S 与烯烃生成硫醇的副反应，提高了噻吩脱硫反应的平衡转化率，在较低氢分压下即可实现超深度脱硫，减少了烯烃饱和导致的辛烷值损失的同时，氢耗减少 30% 以上。

工艺工程全面创新，实现脱硫过程绿色化。由于整体过程和相态复杂，原技术的吸附脱硫和还原、氧化再生及产品稳定是三个独立的工艺模型，相互之间没有关联，影响全流程整体优化，开发集成整体的工艺模型难度极高。通过对复杂反应过程的深入研究，建立了吸附脱硫及氧化再生反应动力学模型，创新构建反应参数与脱硫率、辛烷值损失预测的工艺模型和计算方法。在此基础上，构建了全流程整体集成的一体化工艺模型，实现工艺与能量利用的整体优化。控制匹配稳定塔与催化裂化装置分馏塔压力梯度，充分利用催化裂化的吸收稳定系统回收液化气组分，实现物料充分回收及能量分级利用，并优化了稳定塔的换热网络，充分利用低温热。组合工艺大幅降低了装置蒸汽消耗，进一步提高了液体产品收率。以 120 万吨 / 年装置为例，组合工艺的稳定塔塔底温度由 177℃降低至 148℃，重沸器的热负荷大幅降低，重沸器所需蒸汽的等级由 3.5 兆帕（表压）降低为 1.0 兆帕（表压），流量由 7.7 吨 / 小时降低至 3.5 吨 / 小时，实现了产品稳定部分能耗降低近 60%。

北海炼化 150 万吨 / 年 S Zorb 汽油吸附脱硫工艺装置

高性能 FCAS 系列吸附剂实现工艺及工程技术全面创新，形成了具有自主知识产权的节能高效汽油吸附脱硫成套技术，获得发明专利 81 项，其中涉外专利 24 项，实用新型专利 11 项，至今已建成 38 套工业装置，总加工能力超过 4500 万吨 / 年。工业运行结果表明，与常规脱硫技术相比 RON 损失减少约 60%、氢耗减少约 30%、能耗减少约 60%，整体技术达到世界领先水平。

高效节能技术

开展关键技术研究　破解节能降耗难题

（大连石油化工研究院）

中国石化聚焦石化行业节能降耗需求，组织开发了高效分壁蒸馏技术、芳烃二甲苯装置深度热集成节能技术、凉水塔节水消雾技术、胺液脱硫系统节能与长周期运行成套技术等，为节能降碳、绿色发展提供有力技术支撑。

高效分壁蒸馏技术

精馏塔是石化企业最广泛应用的设备之一，一家大型石化企业通常有上百座精馏塔，分离过程耗用大量能源。分隔壁精馏塔通过在传统精馏塔中间设置一轴向垂直隔板，将塔内空间分割为进料区、中间产品区、公共精馏段和公共提馏段四个部分，将原先需要两个精馏塔才能实现的 3 组分分离，在一个分壁塔内实现。分隔壁精馏塔是完全热耦合塔，是传统精馏塔的巨大变革。该技术具有使用范围宽、节能效果好、投资低等特点，对于多组分精馏具有明显优势。与常规精馏相比，分壁精馏塔技术中返混现象大大减弱，可比常规精馏塔节能 20%~50%，节约投资 30% 左右。

芳烃二甲苯装置深度热集成节能技术

针对制约芳烃二甲苯装置能效提升的共性问题，从工艺、设备、换热网络和低温热系统等方面入手，开发了芳烃二甲苯装置异构化热高分工艺、新型缠绕管换热器、深度热集成及低温热高效回收方法，形成芳烃二甲苯装置能效提升成套技术，实现工艺物流热量高效回收、燃料气消耗大幅降低，装置能耗可降低 10% 以上。

凉水塔节水消雾技术

针对传统凉水塔水雾带来的水资源损失及环境影响等问题，凉水塔节水消雾技术通过导热性能强、力学性能好、价格便宜的专用填料材料配方及特殊消雾填料结构，将塔内的湿热空气与干冷空气进行热交换，大大降低出塔空气的含湿量，实现蒸发水回收及节水消雾。通过技术的实施，可实现节水率 25%，对于一台 5000 吨 / 小时冷却塔，年节水可达 2 万吨以上。同时，消雾塔回收的凝结水基本无盐，补充到冷却塔内，可减少冷却塔排污 25% 以上，在消除凉水塔白雾的同时，实现水资源的节约。

胺液脱硫系统节能与长周期运行成套技术

胺液脱硫系统是炼化企业仅次于原油和循环水系统的第三大物流系统，能耗约占全厂能耗 8%，是以高效脱硫促进剂为切入点，配合高效传质设备、工艺优化及胺液提质净化，研发的胺液系统能效提升成套技术，可充分保障装置的长周期稳定运行。开发的 SDKC 高效复合脱硫剂系列产品，具有 H_2S 脱除率高、CO_2 共吸率低、稳定性好、再生能耗低的特点，可与 MDEA 以任意比例复配使用。开发的胺液高效净化技术能有效去除颗粒物和油类的污染，提高胺液品质，解决系统长周期运行问题。

为解决胺液系统发泡造成的拦液冲塔问题，开发的 SDMP 高效抑泡抗堵塔盘系列技术，从根本上改变塔内气液接触传质形态，降低液相返混，强化传质效率，解决发泡问题，提升塔的处理能力，降低传统精馏过程能耗 10% 以上。同时，该项技术还可应用在待扩能、易堵塞、易发泡的酸性水汽提装置、煤气化污水装置、MTO 急冷水洗等场合。

为提高胺液系统精益化管理水平、解决胺液系统跑损等问题，开发了胺液系统运行管理与优化平台。该平台通过对胺液系统全方位、多层次的可视化监控，实现系统整体工艺流程可视化，运行参数透明化，使企业管理人员能更好地从全局性和系统性方面管理厂内胺液系统，提高厂内胺液资源利用效率以及增强胺液系统上下游生产信息传递效率，及时发现系统运行瓶颈，达到降低运行成本、提高系统运行效率的目的。

构建氢能蒸汽系统　优化运行“智慧脑”

（大连石油化工研究院）

大连石油化工研究院从系统角度出发，综合过程模拟、过程能量集成、系统优化及优化控制等多种技术，开发了氢资源管理与集成优化技术、蒸汽动力系统优化等系统节能技术。通过优化系统设计方案，合理配置各生产环节所用工艺。针对高耗能环节实施节能技术，充分降低系统的资源消耗水平和污染物排放水平，进一步提高系统能量利用效率。同时，开发了氢气系统模拟优化软件 H_2-STAR、蒸汽动力系统模拟优化软件 F-SET，打破国外软件垄断，多项功能均属首创，辅助生产企业公用工程系统节能降耗、工艺装置优化、全厂总流程优化。

氢资源管理与集成优化技术（H_2-STAR）

随着催化加氢装置的不断增加、加氢深度的不断提升，氢气已经成为炼油厂原料成本中仅次于原油的第二大成本，如何满足日益增长的氢气需求，已成为炼化企业的生产难题，更成为产品质量升级、结构调整与转型发展的“瓶颈”。

以用氢装置耗氢优化为核心，以氢夹点理论为基础，综合考虑“产用输”效益最大化，开发了中国石化氢资源优化与集成管理技术（H_2-STAR），通过构建资源合理匹配、全过程控制、集成优化与专业化管理方法的低氢成本管理策略，加强企业氢气系统调度、安全与成本管理，挖掘氢气系统优化潜力，实现全厂氢气利用效率的提升。与此同时，成功开发了集成加工流程、物料平衡、能流平衡、成本管理、优化指导在内的氢气系统运行与集成管理平台，实现了氢气系统的在线监测、运行优化与调度计划指导，提高了氢气资源的安全、高效与系统管理水平。

该技术入选国家节能技术推广目录（2019 年），先后在金陵石化、燕山石化等 10 余家大中型炼化企业成功应用，平均提高企业的氢气利用率 5%~15%。

蒸汽动力系统优化技术（SSOT）

蒸汽动力系统是石化企业重要组成部分，其目的是将一次能源转化为二次能源，为生产过程提供所需的电力和蒸汽。石化企业蒸汽动力系统蒸汽和电的消耗占整个能源消耗的 60% 以上。由于蒸汽动力系统处于全厂的辅助地位，多存在“填平补齐”的发展方式，缺乏有效的集成，减温减压、放空、管网热损等问题时有发生，带来能源的浪费。

针对以上问题，大连石油化工研究院开发了大型复杂多源多阱蒸汽管网、热力系统及大机组数学建模及求解方法，并将热电单元和蒸汽输送管网单元进行协同优化，开发了自主知识产权的蒸汽动力系统模拟优化软件（F-SET），实现系统由“数据 + 经验”的管理模式提升为“模型 + 数据 + 经验”的管理模式、由局部优化变为全局优化，实现系统“说得清、管得住、省得下”，可以降低能耗 5% 以上，达到安全生产、节能减排的目标。

截至 2020 年年底，该项技术已经成功应用于金陵石化、广州石化等大中型炼化一体化企业和煤化工企业，为企业减少能耗 1.2 万吨标煤 / 年；同时，通过智能优化平台的建设，辅助企业优化管理，打通产—输—用—回收全流程，为智能工厂建设添砖加瓦。该技术入选国家工业技能技术装备推荐目录（2019）。

新能源技术　助力碳减排

（大连石油化工研究院）

炼化副产氢提纯生产燃料电池级氢气成套技术

炼化企业作为氢气的主要生产方和使用方，存在着大量工业副产氢气被低效利用的情况，而将这部分氢气提纯后作为燃料电池用氢，将会产生巨大的社会效益和经济效益，也为炼油厂的转型提供了新途径。

大连石油化工研究院以低成本的重整装置副产氢为原料，采用自主开发的高选择性定向除杂专用吸附剂，配套快速提纯工艺(S-PSA)和精准时序控制策略，开发了制取燃料电池用氢气纯化成套技术，实现工艺流程模块化的设计建设，具有投资低、占地小、能耗低等特点，不仅适用于含氢气体的提纯，代替常规PSA使用，也可适用于炼化氢源如重整装置副产氢、制氢装置产氢、常规PSA产氢气、化工装置产氢等氢气组分的提纯，实现资源的高值利用。

2020年9月，500标立方米/小时氢气提纯示范装置于上海高桥石化一次开车成功，产品氢气纯度达99.999%，远高于燃料电池车用氢气国标要求，标志着中国石化氢能产业链发展取得了又一重要突破。

高桥石化副产氢试验装置现场

2020年年底，大连石油化工研究院与广州（洛阳）工程公司已合作完成3000标立方米/小时副产氢提纯和加氢母站工艺包编制，将在广州建成供氢中心，为中国石化氢能“产供销”一体化提供关键技术支撑，助力氢能成为中国石化最具竞争力的战略新兴业务和践行新发展理念的标杆，稳步推进中国氢能产业健康发展。

燃料电池分布式能源技术

燃料电池是一种电化学发电装置，直接将化学能转化为电能，不经过热机过程，不受卡诺循环限制，因此燃料电池具有非常高的能量转化效率，且具有无噪声、无污染的优势，是一种理想的能源利用方式。

分布式能源技术在节能减排、能源高效利用以及一些特殊场合具有独特优势。到 2020 年，大连石油化工研究院围绕分布式能源技术，在工艺优化、一体化设计和集成技术等方面开展创新工作，成功研制了 5 千瓦分布式发电样机。结合西北油田存在的气井孤电需求以及现有发电装置能效低和环境污染问题，以伴生气为原料，实现气井孤电的清洁化供应，促进伴生气资源的回收利用，预计系统热电效率将达到 90%，填补基于天然气的燃料电池分布式发电技术在国内石油石化行业应用的空白。

井场绿色低碳技术

油田集输过程由油气收集、加工处理、输送和储存等部分组成。油气集输系统能耗约占油田生产总能耗的 40%。与此同时，我国原油凝点普遍较高，黏度大，常温下流动性差，且开采的原油中含蜡原油和稠油的比例越来越高，稠油、超稠油的开采、输送难度很大，管输目前主要依赖掺稀油降黏与加热结合的方法。

为解决上述问题，大连石油化工研究院开发了基于槽式 / 线性菲涅尔式的聚光型太阳能加热原油技术，在西北油田设计并建立太阳能加热原油实验系统及工业化示范装置。该装置占地 500 平方米，输出热功率能达到 150 千瓦，采用导热油为中间介质，经太阳能加热后的导热油与原油换热，提高原油温度达到 50℃。整个系统以太阳能为热源，光伏发电为电源，无化石能源消耗，实现了污染物的零排放。太阳能加热原油系统与水套加热炉联合使用，年节省天然气约 70000 立方米，年减排 CO_2 约 130 吨。

先进环保技术

密闭除焦技术 炼油厂绿色升级“加速器”

（广州（洛阳）工程公司）

延迟焦化是国内外炼化企业普遍采用的一种重油深加工手段。长期以来，焦化装置除焦作业存在着敞开式操作、自动化程度低、粉尘和恶臭气体污染严重问题，一直是炼油厂的“排污大户”。

中国石化将安全环保型石油焦密闭除焦、输送及存储成套技术，列入科技攻关“十条龙”项目，推进现有焦化生产装置绿色升级改造。自主创新开发的选择性筛分破碎—脱水仓—螺旋取焦—尾气集中治理的石油焦密闭处理技术、密闭除焦相关系统与设备、石油焦处理安全技术和系统开发，获得了国家授权专利 24 项、专利设备 6 台（套），逐渐在企业中推广应用。

中石化广州（洛阳）工程有限公司在总结镇海炼化、济南炼化等第一批工业应用经验基础上，持续研究工艺原理与流程、超薄型闸板阀底盖机、密闭脱水仓、石油焦垂直螺旋提升机、尾气收集与处理等专业技术，组建了密闭除焦项目攻关群，对焦化技改项目按工程设计、工程总承包、设计 + 采购 + 施工管理等三种类型实行统一管理，全力推进。

密闭除焦技术已成为建设绿色炼油厂的“加速器”。至 2020 年年底，中国石化已完成装置改造 11 套，减少挥发性有机物（VOCs）排放 3272.38 吨、硫化氢排放 97.39 吨。该技术也逐步推广应用于集团外其他炼化企业。

改造前后对照

大型原油罐区 VOCs 减排技术实现新突破

（青岛安全工程研究院）

为从源头减少原油储罐的 VOCs 排放，青岛安全工程研究院科研团队利用三年左右的时间，攻克完成“大型原油储罐 VOCs 减排技术”，在储罐 VOCs 无组织排放控制技术、VOCs 排放评估技术等方面取得了多项重大突破。

源头控制原油储罐 VOCs 无组织排放

有效解决边缘密封补偿能力不足，VOCs 泄漏严重问题。开发了全尺寸一次密封，将密封补偿性能提升到至少 400 毫米，相较于三芯密封结构，最大可补偿 300 毫米、单芯结构可补偿至 330 毫米、充液管式可补偿至 340 毫米，其密封性能是三芯结构的 2~3 倍。有效防止浮顶边缘发生挥发，而且消除了密封内部油气空间。

首创了抑爆型二次密封技术。在一、二次密封之间增加抑爆隔膜，隔膜厚度 1 毫米，配重部位采用 1.5 毫米的齿胶，安装时齿面贴向罐壁。橡胶包带在边缘板处进行反包处理，实现一、二次密封之间油气空间的有效填充，减小了一、二次密封内 93% 的油气空间。分别对加装抑爆隔膜与未加装抑爆隔膜的密封进行点火燃爆，效果显著。加装抑爆型二次密封，点火燃爆后瞬间熄灭，产生浓烟，但无可见明火；未加装抑爆型二次密封，点火燃爆后将持续燃烧。

设计开发了浮顶导向柱密封和浮顶支柱密封技术。在浮顶导向柱上加装可伸缩密封套，密封套可随着浮顶的升降自由伸缩。静态环境下，除热胀冷缩之外，密封套可完全消除导向柱上的油气泄漏。浮顶支柱的销子与套管之间存有缝隙，浮顶下方的油气能够通过销子的缝隙泄漏至大气中。通过在支腿顶部加装密封帽，使用钢扎带将密封帽的底部固定在插销以下的位置，可完全消除浮顶支腿处的油气泄漏。

研发了隔热控温涂料。在岚山油库的应用结果显示，采用普通防腐涂料储罐的罐顶最高平均温度为 61.9℃，采用隔热储罐的罐顶最高平均温度为 48.0℃，将浮顶的温度降低约 14℃，有效抑制了油品蒸发损耗。

科学测算原油储罐 VOCs 排放量

在原油储罐 VOCs 排放评估方面，构建了大型原油储罐多源油气逸散物理模型，基于 RS-FTIR 技术，引进三光路监测方案，融合质量通量模型以及面浓度重构算法，通过研究原油储罐 VOCs 排放量估算方法的相关理论及构建机理，验证原油储罐 VOCs 排放量估算方法的准确性和方法适用的边界条件，形成了一套切实可行、能够实时动态反映储罐污染物排放状况的光学遥测 VOCs 排放量核算方法。与黄岛油库运行队联合开展了近百天的现场监测与 VOCs 排放评估实验，对 6007#、6029# 及其横向对比罐进行现场实测，两罐减排效果均达到 65% 以上。

原油罐区 VOCs 排放量现场监测

攻克大通量低浓度 VOCs 治理技术

（青岛安全工程研究院）

石化企业化工生产中 VOCs 排放环节多、组分复杂、浓度波动大，排放环节涉及污水集输及处理设施，挥发性有机液体储存装卸设施，工艺尾气、设备设施的无组织排放，生产工艺的无组织排放等 10 多类污染源，而其中特征污染物排放浓度低、气量大，一直以来是企业废气治理的难题。低温等离子体技术在处理此类 VOCs 废气时具有明显优势。

2018 年 1 月，青岛安全工程研究院以荆门石化污水处理场作为示范工程，启动大通量低温等离子体处理 VOCs 废气技术攻关，2020 年 9 月建成投用，非甲烷总烃和三苯的去除率分别达到 70%~95% 和 99% 以上。相比于三年前的中试装置，示范装置各项技术指标显著提升：单反应器的处理能力提升了 10 倍，最大处理气速提升 6 倍；电源由交流电源升级为调制脉冲电源，在体积缩小 1/3 的同时，最大功率增加了 6 倍有余；等离子体发生器由双层升级为三层，放电更加平均、稳定且高效。

荆门石化大通量等离子体 VOCs 治理装置

该项目研发了大通量等离子体 VOCs 治理成套技术与装备；创新开发了分层放电等离子体深度氧化 VOCs 技术，有效提高了总烃去除率；开发了多排管格栅式双介质阻挡等离子体发生器，有效均匀放电面积达 500mm × 500mm ；发明了高速采样及分流独立进样气路设计的防爆型氢火焰离子化总烃浓度快速监测仪表，响应时间 < 3 秒；研发了高低浓度 VOCs 混合与分流技术，实现了气体分布均质化；开发了工艺自适应调节与安全控制系统，在工艺、工程、装备与运维等方面形成了系统性安全防护措施。

2020 年 12 月 3 日，“大通量等离子体处理 VOCs 成套技术与示范项目”作为集团公司“十条龙”项目通过鉴定，其整体技术达到国际领先水平，为石化企业低浓度复杂成分 VOCs 治理提供了解决方案。

让 VOCs 治理设施“动”起来

（北京化工研究院）

炼化企业停工检修过程产生的易挥发有机物以及重质烃、恶臭气体和酸性气体等大气污染物，一直是企业治理的难题。北京化工研究院开发了停工检修移动式废气处理技术及装置，采用自主研发的高性能有机蒸气分离膜，利用其高效回收有机物的优势，结合碱液吸收和低温催化进行除臭等深度净化。对包含重质烃类、酸性气体、轻烃、硫化物级恶臭气体的复杂、高浓度、高温废气进行有效处理，确保炼化企业停车检修过程中蒸汽蒸煮和吹扫操作过程废气就地回用和无害化处理，实现“气不上天”。

该技术由喷淋碱洗、膜分离、催化氧化耦合而成，装置采用标准集装箱尺寸，橇块式设计，方便移动。其中喷淋碱洗直接给蒸汽吹扫废气降温，使重质油液化并去除恶臭和酸性气体，随后通过油水分离回用喷淋水，经济高效耐用；膜分离技术在有机物浓度较高时，提升回收效率，维持进入低温催化工艺的废气浓度稳定，提升装置适用性和安全性；低温催化氧化技术适用于对前处理工艺无法回收的轻质烃类进行深度净化，具有能耗低、处理能力大、体积小的优势。

燕山石化化一厂处理现场

2019 年，该技术应用在中沙石化储运部裂解重馏分罐（813-B）蒸汽吹扫废气回收处理，蒸罐过程长达 50 余天。装置始终稳定运行，尾气非甲烷总烃去除率大于 99.9%，排放气全部符合排放标准。项目回收油品 1000 升，废气处理量 50000 立方米，实现清罐作业的全封闭、零污染。

2020 年，燕山分公司采用该技术对化一厂制苯车间污水池和事故池应急排放废气进行就地处理。历时近 5 个月，共处理废气超过 180000 立方米，处理后尾气非甲烷总烃浓度始终低于 20 毫克 / 立方米，去除率高达 99.8% 以上，苯系物浓度始终低于 4 毫克 / 立方米。

移动式 VOCs 治理设施的技术核心——气体分离膜是自主研发的新型功能材料，可对苯系物、轻烃进行高效分离浓缩，是目前国际领先的分离技术，打破了国外企业对膜技术的垄断。

烟气组合技术驯服“小白龙”

（广州石化）

技术创新，国内领先

大连石油化工研究院开发的烟气除尘、除雾及消白烟技术在广州石化首家试点，填补了国内炼油催化装置烟气湿法脱硫后再除尘、除雾及消白的空白。

消白是通过改变湿烟气温度，调变烟气含湿量，使烟气排放过程始终处于不饱和状态，达到消除白色烟羽的目的。项目具体的实施方案是在湿法脱硫塔的烟囱上设置消烟罩，利用蒸汽加热器加热空气，热空气进入消烟罩内与烟气强制混合，混合后的气体离开烟囱排入大气中，在与环境空气的混合、冷却、扩散过程中，始终处于不饱和状态，避免烟气中水蒸气凝结析出，从而实现烟气消白。

深度除尘除雾以及消白项目的效果不仅肉眼可见还体现在数据方面。蜡油催化裂化装置除尘除雾消白项目投用后，氮氧化物、二氧化硫、颗粒物均有一定程度的减排，其中颗粒物降幅达 68%，取得良好减排效果。投用深度除尘除雾系统后，烟气温度下降了约 5℃，大量水蒸气冷凝成水回收至系统重复利用，节省新鲜水补水量约 10 吨 / 小时，外排烟气中的水汽含量大幅降低。

广州石化 1# 催化裂化装置、烟气脱硫脱硝除尘装置采用湿法洗涤和臭氧氧化技术，运行过程中会产生饱和水汽从烟囱排出，虽然满足废气排放标准，但在一定气象条件下烟气中含有的水汽经光折射，远看就像“小白龙”。为消除视觉不良影响，广州石化开展了消“白龙”专项行动，并于 2019 年 4 月确定采用大连石油化工研究院自主研发的烟气除尘、除雾及消白烟组合技术。

合理统筹，攻克“白龙”

由于消白烟项目建设周期长，部分施工需要生产装置停工才能实施，且项目要在 60 多米高脱硫塔处增加一套除尘除雾设施，高空吊装作业难度和施工风险很大。而蜡油催化裂化是广州石化重点装置，也是创效益的一个重要环节，装置 4 年才有一次大修。因此，公司决定项目分两步走实施：第一步抓住 2019 年大修不到 2 个月的有利

催化烟气消白改造工程建成投用

时机完成深度除尘除雾部分；第二步等装置大修恢复投用后再完成蒸汽加热器的建设。2019 年 10 月至 12 月完成深度除尘除雾项目以及消白项目烟气混合罩、风机的建设，增设了水洗段，加强了脱硫除尘效果。

在克服新冠肺炎疫情影响下，第二步施工于 2020 年 6 月复工建设，经过长达 3 个多月的紧张施工，于 2020 年 9 月 30 日正式投用。经过相关参数调整后，消白效果显著，烟囱出口看不到一丝水汽烟痕，彻底消除“小白龙”。

装置开工以来，系统运行正常，在线监测仪表分析数据 SO_2 浓度≤ 10 毫克 / 标立方米，颗粒物≤ 10 毫克 / 标立方米，低于国家排放标准。

“小白龙”终被驯服。

消白改造前后排放对比图

破解石化企业难降解废水处理难题

（北京化工研究院）

聚焦石化企业废水处理难题，北京化工研究院牵头研发，攻坚克难，形成了非均相臭氧氧化催化剂、苯并 (a) 芘达标治理技术等一系列研究成果，助力企业化解环境风险、突破提标困境、降低运行成本。

非均相臭氧氧化催化剂

针对石化企业污水 COD 处理难题，为提高臭氧催化氧化技术的处理效率及长期应用的稳定性，研究团队自主开发了非均相臭氧氧化催化剂，并选用多孔载体负载过渡金属的形式，进一步开发出 Cu/Al_2O_3 负载型非均相臭氧氧化催化剂，对催化活性进行了技术优化，解决了臭氧氧化催化剂易出现的活性金属流失与结垢问题，优化提高了有机物处理效率，大幅降低了处理成本。

臭氧氧化催化剂

优化后的臭氧氧化催化剂在胜利石化总厂成功工业应用，COD 去除率可达 27%。催化剂的加入可有效提高臭氧氧化的处理效果，在较低的臭氧投加量、较短的反应时间下，比臭氧氧化处理效果更佳，臭氧投加浓度为 15 毫克 / 升的催化臭氧氧化效果优于臭氧投加浓度为 60 毫克 / 升的臭氧氧化。从经济性分析，折合催化臭氧氧化每年可减少运行费用 15 万余元，且臭氧催化氧化可获得更好的处理效果，保证企业的外排水水质。

苯并 (a) 芘达标治理技术

苯并 (a) 芘达标治理技术中试装置

延迟焦化工艺是加工渣油的重要手段，在污油资源化利用的同时，其产生的废水不仅含有高浓度的污油、酚类、多环芳香族化合物等，且富含各种恶臭气体，存在环境污染风险，其中苯并 (a) 芘的危害尤为突出。

北京化工研究院自主开发了苯并 (a) 芘达标治理技术，该技术采用“混凝沉淀 + 膜过滤 + 光催化氧化”组合工艺，工艺流程简单，操作方便，处理效果佳，无危废和 VOCs 废气产生，无二次污染，同时还具有工艺选择性强、能耗低、占地面积小等优势，缓解了企业用地紧张与高效处理之间的矛盾。在中韩石化现场应用效果良好，高浓度苯并 (a) 芘废水被攻克，成功处理达标。

AEB 高效生物反硝化处理技术

针对草酸酯法合成气制乙二醇装置产生的高硝酸盐氮废水，北京化工研究院成功开发出新型高效脱氮技术——AEB 高效生物反硝化处理高硝酸盐氮废水技术，采用生物膨胀床（也称生物流化床）反硝化工艺处理高硝酸盐氮废水，突破性研发出了新型生物载体，依次从小试到中试，再到工业规模，进行缺氧膨胀床（以下简称 AEB）生物反应器及配套工艺开发，进而形成高硝酸盐氮废水高效处理成套工艺技术及设备。

AEB 工业示范装置标定结果表明，在单台 AEB 反应器进水流量 17.9 立方米 / 小时、进水硝酸盐氮浓度 737 毫克 / 升时，出水硝酸盐氮浓度小于 0.13 毫克 / 升、硝酸盐氮去除率大于 99%、反应器硝酸盐氮去除容积负荷达到 2 千克牛 /（立方米 · 天）、每千克硝酸盐氮的运行成本为 8.58 元。装置运行稳定，占地面积小，处理负荷高，可有效处理合成气制乙二醇装置高浓度硝酸盐氮废水。

AEB 工业示范装置正面

创新“膜法师”助力污水资源化利用

（北京化工研究院）

争做技术创新“膜法师”

2003 年，北京化工研究院膜分离技术研究与应用创新团队建成了第一套超滤 + 反渗透膜试验装置，之后不断创新突破，为中国石化各企业污水回用提供了强有力技术支撑，有效提升了石化行业的整体污水回用水平，并建成了中国石化分离用膜材料研究与应用重点实验室，推动了中国石化膜技术的开发与应用。创新研发了一系列高性能抗污染超滤膜产品及组件制备工艺，在多家企业实现推广应用效果良好。开发的污水前置预处理技术实现膜系统稳定运行，自主超滤技术——高盐污水近零排放技术实现工业应用。

书写工业应用“新画卷”

高盐废水分质分盐零排放。中国煤化工高盐废水的分质分盐处理技术基本处于空白阶段，虽然极少数煤化工企业实现了废水的近零排放，但并未真正实现废盐的资源化利用。北京化工研究院针对高盐废水分质分盐开展技术攻关，在大量实验和理论分析基础上，开发纳滤预处理及分质分盐成套技术。开发的低压力、大通量高效膜法快

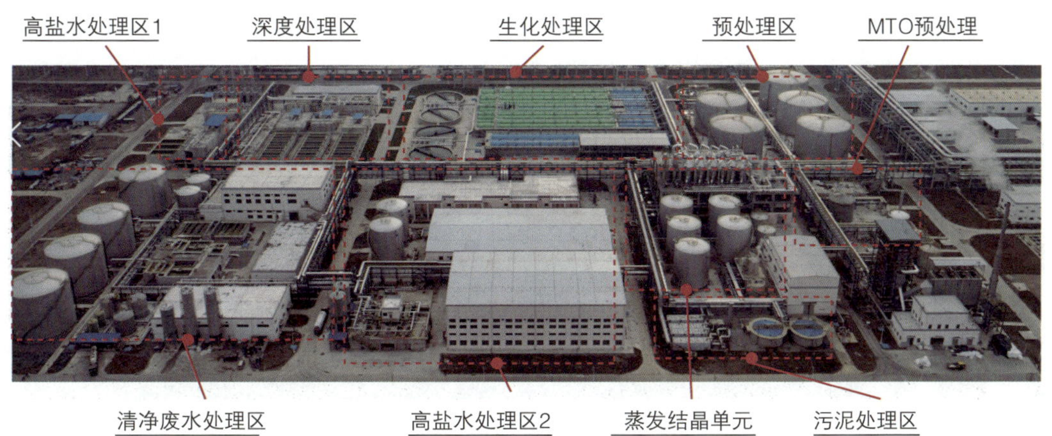

中安联合污水处理场全貌

速除硬除硅反应过滤一体化工艺技术（NMF），通过污染物去除机理研究、药剂优化复配和工艺优化，实现了钙、镁、硅、氟等多种污染物的协同去除，出水钙、镁离子分别小于 10 毫克 / 升，溶硅小于 20 毫克 / 升，保证了纳滤单元的稳定运行；开发的前置纳滤分盐二级二段工艺，实现一、二价离子的高效分离，实现了后续盐硝的分质结晶，产品质量高于工业日晒盐国家标准，为中安联合实现污水近零排放和分盐结晶资源化提供了技术支撑。2019 年年底，中安联合高盐废水处理流程全部打通，标志着中国石化在高盐废水分质分盐零排放成套技术上实现了技术突破。

气田产出水深度处理回用。普光气田过去采用回注方式处理产出水，回注成本逐年升高，且产出水质和水量极不稳定，波动较大，处理难度远远高于炼化行业废水。北京化工研究院开发了气田产出水深度处理回用成套技术，实现了产出水深度处理回用系统全流程贯通，气田产出水经深度处理后，大幅度节约了生产运营成本，减轻回注压力，产品水 15 项水质指标全部满足循环水补水水质要求，可作为净化厂循环补充水回用，系统水回收率达 80.5%，填补了气田产出水深度处理回用的技术空白。

通过开发高盐废水稳定生化工艺，驯化耐盐菌，并通过 MBR 工艺进行高效固液分离，出水水质稳定良好，有机物去除率高；开发了高盐废水臭氧氧化催化剂及多相臭氧催化氧化工艺，高盐条件下的难降解有机物去除率提高到 70%~80%，保证了膜系统进水水质；开发了膜法高效除硬过滤一体化工艺，实现了低压力、大通量快速除硬反应和过滤一体化；开发了内循环高压反渗透工艺，膜组件自清洗效果更好，压力损耗更低，提高了系统抗污染性能，降低了系统能耗，产水水质稳定。

2019 年年底实现了普光气田产出水深度处理回用系统全流程贯通。气田产出水经深度处理后，可大幅度节约生产运营成本，减轻回注压力，解决了长久以来普光气田产出水的深度处理难题。

普光气田产出水处理场全貌

勇破固废减量难题

（石油化工科学研究院）

绿色 FCC 催化剂化解炼化企业危废处置难题

FCC 装置是炼油厂的核心装置，我国炼油工业对 FCC 催化剂消耗量巨大，每年产生的废催化剂超过 10 万吨。如何有效化解 FCC 废催化剂带来的环保风险，提高资源利用效率，成为摆在科研人员面前的重要课题。

中国石化组织开展 FCC 废催化剂的危险特性调研公关，研究认为锑型钝镍添加剂是造成 FCC 废催化剂环境污染的症结所在，为此石科院开始了环保型容镍型 FCC 催化剂的研发及应用。通过提高 FCC 催化剂本身的快速容镍能力，降低镍的脱氢毒性，在催化活性基本不受影响的前提下，产氢因子相对常规 FCC 催化剂可降低 50%。从源头减少了具有危险废物特性的 FCC 废催化剂产量。

SMR 技术成为剩余活性污泥减量新出路

污泥中的微生物体及其胞外含氧高聚物是造成剩余污泥体积庞大的根源，也是污染和异味的主要来源。石科院研究历时 9 年，自主研发出 SMR 技术，采用中温化学催化方法灭活、破碎微生物菌体，促使大分子含氧有机物转化为小分子水溶性含氧有机物，不仅能实现污泥减量，还可以去除有机污染。工业应用结果表明，干物质可以减少 60% 以上，污泥含水率降低至 60% 以下。

以此为技术核心，对各股污泥进行归类并针对性采取预处理手段，可大幅改善处理后混合污泥残渣的脱水性能，提升三泥（油泥、浮渣、剩余活性污泥）处理系统的整体能力。目前，污水场三泥综合处理方案已实现工业化应用。

SMR 装置全程密闭运行，处理过程基本不产生废气等二次污染，装置现场无异味，操作噪声小；污泥减量处理过程中污泥含水率始终保持在 45% 以上，避免了粉尘爆炸及污泥闷燃等安全风险。整体达到国际先进水平。

打造土壤修复“技术经验库”

（第五工程建设公司）

中国石化第五工程建设公司从市场开发、项目执行、技术研发与集成等方面推进土壤污染区块的修复。目前，已修复完成污染土壤近 300 万立方米，积累了丰富的治理与风险管控经验。

提升土壤修复实力

场地修复项目必须坚持技术导向，综合考虑场地条件、污染物性质、工期要求、技术要求和经济条件等因素，制定合理的土壤及地下水修复方案。五建公司成立技术攻关小组，对异位化学氧化、异位热脱附、原位多相抽提、原位热强化、原位热脱附、热建堆、化学淋洗等技术进行试验评估，构建了土壤及地下水修复的技术储备库。

目前，第五工程建设公司建成了 1000 平方米集科研、中试于一体的综合型试验基地，与天津大学、暨南大学、华东理工大学、北京化工研究院等单位开展技术研发合作，以试验基地为基础，以项目实践为平台，建立起土壤修复技术体系，推动石化场地修复项目标准化建设。

土壤常温解析钢结构大棚

异位热脱附设备

现场原位多相抽提井

共享土壤修复成果

五建公司在天津建设了一座主题为“科技创新，转型发展，还地球碧水蓝天净土”的展览馆，以图文、沙盘模型的形式展示土壤修复知识文化长廊、修复后土壤及地下水样品展示柜等。

展览厅热脱附模型

在土壤修复项目周边小区等敏感区域设置监测点，成立环境监测小组，每天上午和下午在上风向及下风向敏感点进行实时检测，并将监测数据进行公示。举办“公众开放日”活动，邀请居民到施工现场实地考察场地修复情况，让居民与土壤修复业务零距离接触，感受修复前后土壤变化。

碳减排技术

CO_2 驱油与封存技术　实现增产与降碳双赢

（石油勘探开发研究院）

随着勘探开发的逐步深入，我国老油田逐步进入特高含水阶段，新探明储量以低渗致密油藏为主。采用 CO_2 驱油技术，能进一步提高特高含水油藏采收率，实现低渗致密油藏的有效开发，为我国石油资源的稳产提供技术手段；同时，可实现 CO_2 的有效封存，对我国低碳发展作出重大贡献。

回收的二氧化碳用于驱油

如何建立并发展适合我国油藏特点的 CO_2 驱油利用与埋存一体化关键技术，成为亟须解决的问题。中国石化石油勘探开发研究院科研团队用 10 年时间，攻克了陆相油藏 CO_2 混相特征不清楚、高含水油藏和低渗致密油藏主控机理不明确、源汇匹配模式不完善、常规数值模拟方法和油藏工程方法不适应、注采输工艺技术不配套等难题。在陆相油藏混相理论、驱油与埋存一体化技术等多个方面形成突破，建立了 CO_2 非完全混相驱替理论；创建了 CO_2 非完全混相驱机理定量表征模型；以非完全混相驱理论为指导，建立了不同类型油藏 CO_2 驱油藏筛选标准和中国石化低成本 CCUS 产业发展模式；设计了适合不同类型油藏的 CO_2 驱开发模式，如水驱废弃油藏高含水的“CO_2 长效闷井 + 大段塞注入”开发模式，极小断块油藏和低渗致密微裂缝油藏的异步周期注采开发模式；形成了注 CO_2 驱油与埋存油藏工程优化设计技术，编制了《砂岩油藏 CO_2 驱油藏工程方案编制技术规范》行业标准。

CO_2 驱油与埋存技术取得了明显经济效益和环境效益，在中原濮城油田矿场应用中井组提高采收率 6.3%，累计增油近万吨；在红河 156、金南油田矿场实验中，CO_2 换油率大于 0.35 吨 / 吨，开发方式好于整体吞吐；在花 26 油藏工程方案中耦合优化设计 CO_2 换油率和存碳率分别达到了 0.7 吨 / 吨、95% 以上，与传统方法相比分别提升了 11% 和 42%。CO_2 驱油技术作为现阶段兼顾经济效益和环境效益的双赢技术，不仅为油田企业绿色生产提供新思路，也可缓解我国能源匮乏和环境压力双重困局。

采油厂二氧化碳驱油平台

打造 CCUS 技术高地

（南化公司）

南化公司围绕低分压烟气、炼厂干气、反应循环气等炼化企业典型的二氧化碳排放源，开发了对应的二低分压二氧化碳捕集技术、NCMA 脱碳技术和催化热钾碱技术。“十三五”期间，开发的二氧化碳捕集技术成功应用于国内外数十套二氧化碳捕集装置，为生产企业创造利润近 180 亿元，获得经济效益 1.5 亿元。

低分压烟气二氧化碳捕集技术

南化公司开发新型高效低能耗二氧化碳捕集溶剂，捕集性能得到进一步优化；开展膜分离法捕集二氧化碳技术的中试和工业示范研究，中试获得 95% 以上的二氧化碳产品气；紧跟国际碳捕集和利用技术研究热点，研发二氧化碳捕集吸收剂和吸附剂，目前处于中试阶段。

某热电厂烟道气回收 1 万吨 / 年，CO_2 捕集与精制工程项目采用南化公司新型高效低能耗二氧化碳捕集溶剂，额定烟道气处理量 6986 标立方米 / 小时，装置连续操作时间 7200 小时 / 年，回收 CO_2 10000 吨 / 年，达到预期效果。

电厂 1 万吨 / 年 CO_2 捕集与精制工程

炼化干气脱碳装置

NCMA 脱碳技术

南化公司从 1985 年开始多胺法（改良 MDEA 法）脱碳研究，1991 年，第一套工艺装置投用，曾获国家科技进步奖，并列为国家重点科技成果加以推广。2003 年，在多胺法基础上开发了 NCMA 新技术，该技术二氧化碳净化度高、可同时脱除硫化物、溶液吸收能力高、溶剂损失少、能耗低，可应用于合成气（变换气）、天然气、催化提浓干气、催化干气、焦化干气、沼气、焦炉气、高炉气、转化气等多种场景的大量脱碳与深度脱碳，在近 10 家炼厂气脱碳方面得到了成功应用。脱碳气中 CO_2 含量可低至 10ppm，主要指标达到或超过了国外同类技术水平。

反应循环气脱碳技术

南化公司研发的反应循环气脱碳技术，解决了脱除费托合成循环气中 CO_2 关键共性的技术难题，同时也大幅度降低了装置的能耗。

该技术是国内唯一一项针对费托循环气脱碳开发的工艺技术，已应用于国内 15 套大中型费脱合成装置。运行结果表明，该技术满足费托合成循环气的脱碳设计指标，既能促进脱碳效率要求（反应速率提高 60%~120%），出脱碳单元净化气中 $CO_2 \leqslant 2$（摩尔 / 摩尔），又能促进溶液解吸再生；因采用变压再生等节能技术，较国外同类技术的再生能耗降低 30% 以上，处于国际领先地位。

二氧化碳利用技术

由于二氧化碳极高的稳定性，目前碳利用技术的研发大多仍处于实验室研究阶段，部分已实现中试或工业示范的项目往往也存在经济性不足的问题。针对这一难题，南化公司在二氧化碳加氢制甲醇、二氧化碳矿化、二氧化碳生物利用等前瞻性碳利用技术领域开展研究，完成二氧化碳加氢制甲醇技术小试和百吨级工艺包开发，建成 CO_2 矿化脱硫渣万吨 / 年级规模的矿化反应工业验证装置，进行烟气 CO_2 生物利用处理 PTA 废水技术的开发试验研究，开发二氧化碳加氢制甲烷催化剂和钒系 CO_2 氧化乙烷催化剂，围绕二氧化碳电化学利用技术、二氧化碳碳还原利用技术等方面进行探索。

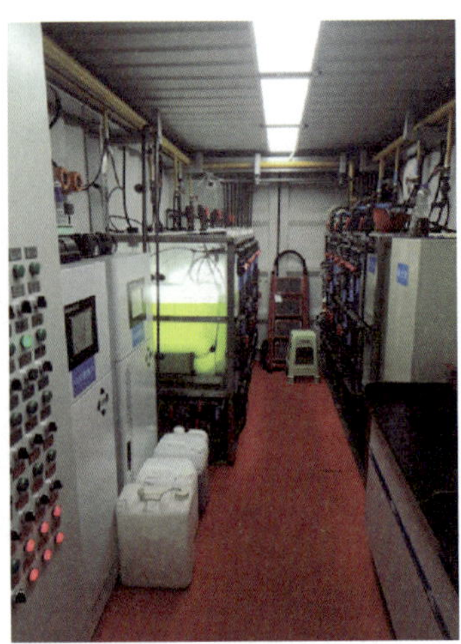

180 吨 / 年烟气 CO_2 生物利用处理 PTA 废水工业试验装置

天然气应收尽收　助力甲烷净零排放

（胜利油田）

近年来，胜利油田开展套管气回收、大罐抽气、零散天然气回收等三大回收技术创新与工程实践，实现环保、节能、优化能源结构三重成效。

套管气排放“净零”

套管气压力高，无法开展油井动液面监测，因此，每一次检测油井动液面之前需直接排放一段，由此带来挥发性有机化合物污染和甲烷排放，同时还会产生噪声污染。经过试验攻关，胜利油田成功完成套管气回收利用技术的研究与推广应用的创新实践。

青东 5 海油陆采平台位于莱州湾极浅海域，是多种候鸟及鱼类的栖息地，附近是重要的海水养殖区域。为保护当地生态环境，注采站把每个平台的油井套管气用油管连接起来，安装干燥器气包等附件，形成了地面集气管网，利用套管气集中回收装置，将收集的套管气供注采站 3 台加热炉及集输站 1 台加热炉燃烧，平均每天节约外购天然气 10000 立方米。同时，投用 1 台天然气发电机，利用套管气发电供油井电加热运行，每月发电量 20 万千瓦时，年发电量达 240 万千瓦时，节约电费 160 余万元。

“十三五”期间，胜利油田全面普及套管气回收技术，目前已安装 660 套套管气回收装置，年回收套管气 2849 万立方米。

大罐油气损耗“净零”

昼夜温差、储罐内外壁温差造成的小呼吸损耗，储罐在收发油、装卸油过程中因罐内液位上升或下降造成的大呼吸损耗，以及自然通风损耗，加速了大罐轻组分的挥发，不仅造成轻烃资源损耗，而且污染了环境。

集输联合站大罐抽气装置

胜利油田利用大罐抽气技术，将原油储罐中挥发出的轻烃成分进行收集、压缩，再密闭输送到天然气站处理或燃气加热炉，实现了节约能源，防止空气污染的目的。近年来，胜利油田已推广应用该装置 70 多套，年回收轻烃 1500 余立方米。

零散气排放“净零”

大型油田一般都存在大量的边远井和零散井油井，其套管气的回收利用难度高且无法形成规模，倘若不铺设输油和输气管线，绝大部分零散套管气不得不采取排放或燃烧处理。

如何处置零散天然气，成了一个让人头疼的问题。胜利油田依托社会化资源与服务，开发了零散气回收利用模式，对不同类型的零散气点，制定了“一井一策”的可行方案，利用社会化服务，与地方燃气公司合作就近销售，或采用天然气压缩（CNG）回收方式装车外销。同时，利用信息化技术全流程管控零散天然气的回收利用，环境与经济效益显著。据统计，截至 2020 年年底，胜利油田共运行 80 多个零散气点，回收气量 1.2 亿立方米。

绿色施工技术

固控设备升级　破解油基岩屑治理难题

（西南石油工程公司）

随着页岩气开采力度加大，越来越多的油基钻井液应用于钻井施工中。油基钻井液相较于水基钻井液在抑制页岩水化膨胀方面具有明显优势，广泛应用于页岩气施工井目的层的钻进，有效保障了井壁稳定性和井下工具安全，但也随之带来了油基岩屑治理难题。油基岩屑一般含油率为5%~20%左右，属于危险废物，其主要污染物来自油基岩屑附着柴油所含的芳香烃，油基岩屑发生泄漏后，其附着的芳香烃就会浸入土壤和地下水，造成环境破坏和健康危害。

为推进油基岩屑减量减排，西南石油工程公司优化钻井工艺技术，缩短建井周期，减少油基钻井液循环期间损耗；调整钻井液性能，减少有害固相筛出；实验三开钻进高性能水基钻井液施工等系列措施，取得显著效果。

2019年，西南石油工程公司引进滚动式空气激振负压筛系统，用于油基钻井液施工井段的固控作业。该装备主要利用负压将岩屑进行机械分离，对油基钻屑中的钻井液进行回收，对比常规振动筛，不但降低钻井液消耗，而且能实现油基岩屑源头产生量，并较好地维护钻井液性能。

威荣页岩气田双钻机平台钻井现场

以威页46平台为例，平台由两支井队同时施工，上半支使用负压固控装备，下半支采用常规振动筛，以设计排放量计算，上半支油基岩屑产生量较下半支减少414.4吨，上半支油基岩屑产生量较设计减排670.66吨。对比威页46平台同期施工的威页37平台、威页43平台、威页45平台，使用负压固控装备的威页46平台（上半支），对比没有使用负压固控装备的其他平台，单井油基岩屑产生量最多减量292吨，最少减量40.6吨。

油基泥浆性能监测

负压振动筛

负压固控装备还大大减少了油基钻井液损耗。应用负压固控装备的四口井油基钻井液的使用量为468.28~512.90立方米，平均油基钻井液用量488.67立方米，比同平台邻井（平均一口井531立方米）减少42.33立方米，减少油基钻屑103.6吨，经济效益和环境效益显著。

“八能八不”与工厂化预制联动解决焊接喷涂污染问题

（第四工程建设公司）

树立“八能八不”施工理念

为有效解决当前大面积现场焊接、喷涂作业的环境污染问题，中国石化第四工程建设有限公司提出“八能八不”管理方法，即：能在国内做的，不到国外做；能在预制厂做的，不到现场做；能在地面做的，不到高空做；能够模块化的，不零散做；能够机械化自动化的，不采取人海战术；能够本土化的，不动迁国内资源；能够跨专业平行作业的，不按部就班；能够标准化的，不随意化。彻底摒弃“规模速度”情结，抛弃没有“质”的“量”、没有“效”的“速”、没有“环境标准”的“管理”，摆脱粗放、低质量、低环保要求的发展方式，实现高速发展向高质量发展转变。

推广工厂化制造理念

2017 年，在马来西亚 RAPID 项目建设过程中，四建公司管道工厂化预制首次在项目中实现“国内预制 + 国外安装”的项目执行模式，管道预制深度达到 50% 以上，提高了项目执行效率和工程实体质量，在降低项目用工风险、安全风险和运行成本的同时，有效减少了污染物排放。焊接产生的烟尘通过集中收集，处理后经排气筒达标排放，收集效率为 80%，净化效率达到 95%。

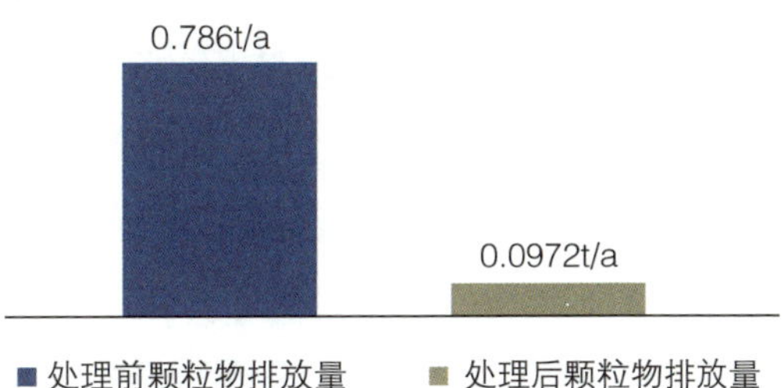

总结马来西亚 RAPID 项目的成功经验，四建公司形成了以点带面，逐步推广应用“八能八不”，服务周边项目工厂化制造要求，提升管道、结构、防腐、预制加工化生产能力和流水生产线的机械化、智能化，减少环境污染。

建设工厂化制造基地

启动工厂化制造基地建设，2019 年 5 月制造基地一期工程投入试运行。基地新建防腐喷漆车间厂房 2 座，面积达 3760 平方米；改造油漆库、危废库各一间，面积达 110 平方米；购置 VOCs 收集治理设备 2 套、焊接烟尘净化设备 4 套（合计吸风口 103 个）、移动式焊接烟尘收集处理设备 55 套，实现喷漆生产线及焊接生产线等生产设施的集成化管理，满足了年加工 8300 吨管道及年加工 2800 吨钢结构件制造过程的环保要求。

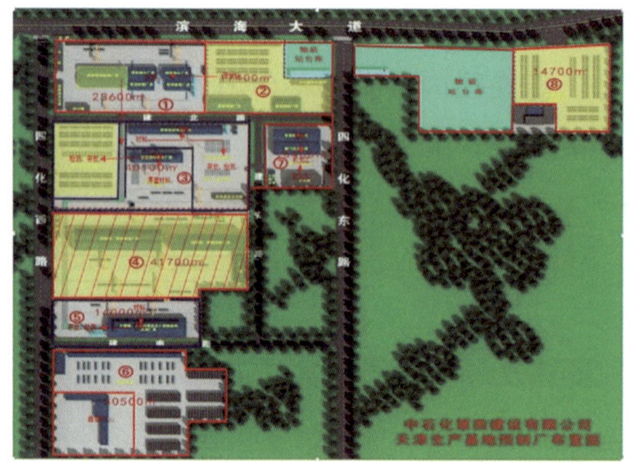

工厂化制造基地整体布局图

颗粒物处理前后对比

工厂化制造基地承担了天津炼油升级改造项目催化、加氢、制氢、密闭除焦、公用工程、烟气脱硫设施建设，天津石化大检修、中沙乙烯改造、中沙聚碳酸酯等项目的管线、型材、板材、管件等抛丸防腐。防腐抛丸机自带的滤筒式除尘器除尘，除尘效率为 99%；喷砂工段使用的循环回收式喷砂机，粉尘回收率为 100%；调漆、喷漆及晾干废气由干式过滤 + 高效漆雾过滤器 + 有机废气净化设施组成，有机废气净化效率为 90%；经捕集后的焊接烟尘及打磨切割粉尘通过风管汇集后由离心风机排入除尘器，除尘器净化效率大于 95%。

通过将天津市周边项目的预制工作转移至工厂化制造基地后，在保证工程进度、降低成本、降本减费的同时，VOCs 产生量每年减少 8.32 吨，二甲苯产生量每年减少 5.47 吨，颗粒物产生量每年减少 12.2 吨。

绿色清洗　为油罐“智能卸妆”

（第五工程建设公司）

油罐长时间存储油品会积存大量沉积物，需定期清罐来消除沉积物对油品质量的影响。另外，当更换油品、油罐改造或检修之前，也必须进行油罐清洗作业。

人工和机械是清洗油罐的两种常用方式。近年来，机械清洗技术虽发展迅速，但因为存在安全、经济、环保、系统集成度低等问题，油罐清洗依然以人工为主，也存在耗时长、风险高等问题。

第五工程建设公司研发了橇装式可移动清洗设备，实现了一键式操作的绿色清洗。该装备采用“物理＋化学”组合方式，特制清洗喷头和对称喷嘴，通过增压水泵 360° 旋转喷射形成聚焦流，破坏、剥离罐壁污垢，对油罐内部实施清洗。与人工清洗相比，时间由 2~3 天缩短到 3~4 小时，废水量由 150~200 吨减少到 1~1.2 吨。

“待卸妆”油罐（罐底沉积）

橇装式设备设置在油罐区 15 米以外，操作人员不进入储罐内部；采用可燃气体在线检测监控技术，严密监测排放气体浓度及范围，保证作业区可燃气体浓度在安全范围内，超限即报警。清洗后罐内油气浓度检测达到 0% LEL 的保证率≥ 98%，油气浓度≤ 15%LEL（0.2%VOL）的保证率 100%，清洗过程安全可靠。

设备对清罐过程中产生的 VOCs 进行处理后，尾气非甲烷总烃低于 25 克 / 立方米，处理效率≥ 95%。

一体化绿色清洗设备已经在销售华南分公司和广东石油加油站防渗改造旧罐处置项目中成功运用，完成广东省省内 1000 多座加油站、5000 多个埋地油罐的清洗工作，同时也完成西基油库、南村油库和广州石化中小型储罐的清洗工作。

自动化检测（探知浓度）

行走的“洁面仪”

五建公司与清华大学、中国科学院化学所等研究单位和企业进行技术交流合作，进一步针对废气、废水和固废的环保处理进行持续技术攻关，加速延伸机械清洗业务链，设备迭代升级四次，目前可达到高效、安全、环保地进行中小型储罐机械清洗并在线处理含油污水，不仅满足连续清罐业务需求，降低运输成本，节省清洗时间，同时可实现污水达标回用，实现“零排放”目标。

第八章

环境风险管控实践

中国石化建立科学有效的防控机制，进一步完善环境风险防控和应急管理的标准体系，以“识别大风险、消除大隐患、杜绝大事故”为主线，规范环境风险管理，提高环境风险防控水平。

生态环境安全是国家安全的重要组成部分，是经济社会持续健康发展的重要保障。

建立长效机制　构筑海底管道溢油风险管控防护墙

（胜利油田）

胜利海上油田位于黄河尾闾渤海之滨，作业水深 4~20 米，共有海上采油平台 107 座，海底管道 166 条，管道总长度 354 千米，受风、潮、浪、涌等自然因素的影响，海底管道面临的环境风险陡增。胜利油田坚持“污染控制、生态保护、风险防范”协同推进，科学谋划、多措并举，建立“双重预防机制”。

海上采油平台

构建海底管道风险评估与应急机制

公司采用中国石化自主研发的安全风险矩阵，识别悬空、腐蚀等 16 项安全风险；利用中国石化突发环境事件风险评估方法，识别出二级环境风险 28 项。通过现场公示、领导承包、制定专项应急预案并定期组织演练，确保环境风险受控。配备溢油回收船 4 艘和应急指挥船 1 艘，各式围油栏、收油机、撇油器等一应俱全，自主研发的集油罩、管线临时封堵器等工具随时待用。构建应急指挥信息化系统，实现油气生产数据全过程实时采集和远程管控，提升了应急指挥系统的自动化、数字化、集成化和智能化水平。

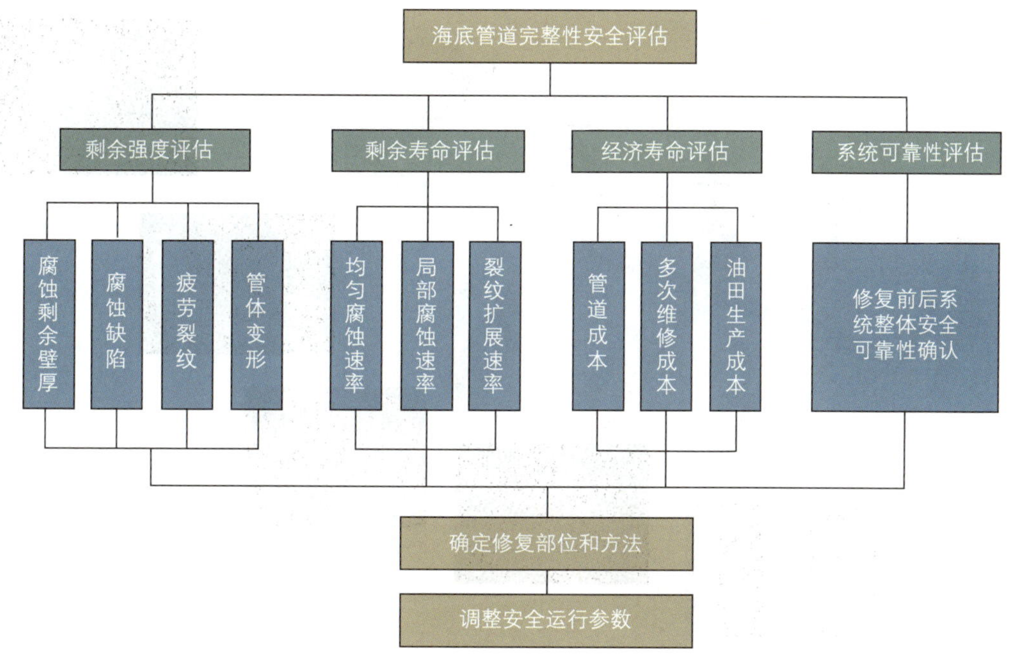

推行设备设施全寿命周期管理

胜利油田编制了《海底管道外检测技术规范》《海底管道干预与维修技术规范》等行业标准，明确海底管道干预、维修基本要求及管道异常维修措施，实现由对标追标到引领行业的跨越。提升“安全环保源于设计”理念，随着国内制管技术的提高，由初期 16Mn 钢管，逐步提标为等级更高的 X52、X56、X60 材质。

建立海底管道隐患排查治理长效机制

水面与水下结合，利用无人艇搭载视频设备等进行水面以上管道的精细溢油巡查，搭载声学检测设备对水面以下管道进行巡查，及时获得海管现场图、监控画面、3D 实时声呐图，直观显示裸露、悬空海管状态，实现 166 条海底管道检测干预全覆盖，建立涵盖管道设计建造数据、工艺数据、内外检测数据和评价数据等内容的大数据库，为风险防控提供了数据支撑。

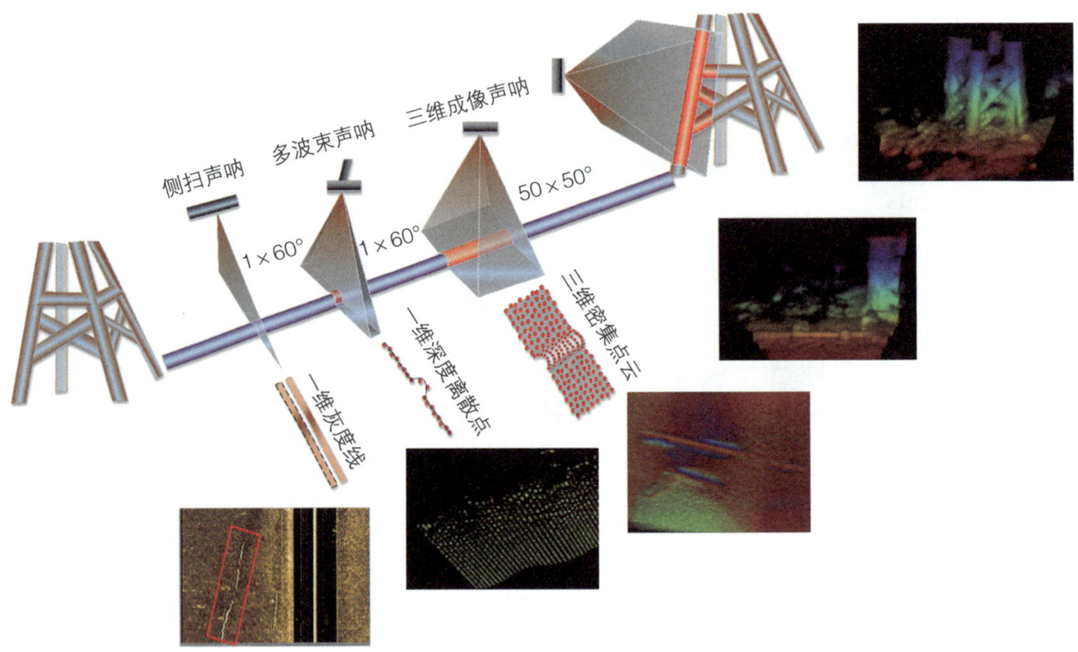

建立数据库

强硬件抓软件　筑牢罐区污染水体风险防线

（重庆川维）

重庆川维化工公司地处长江上游、三峡库区，属山地地形，装置区和罐区均处于长江岸线高处（与江面海拔高差 35~117 米之间），固有的环境风险较高。重庆川维专项实施了水体污染风险防控治理行动，建立水体风险防控关口，坚守“不让一滴超标污水流入长江”、不污染长江生态环境的红线底线。

强“硬件”　增设罐区水体风险防控设施

2018 年 5 月，重庆川维启动水体风险防控能力提升行动，纳入一把手工程实施提级管理，对相关项目进度实行督办机制。拆除靠近长江产品储罐，建设多座事故污水池。按照就近原则，重新划分事故汇水区，以黄桷堡事故池为枢纽，将西区事故池、铁路罐区事故池、黄桷堡事故池、污水处理场事故池（罐）、江边事故池等互联互通，将事故污水的存储转输能力发挥到最大，提高极端情况下的水体风险应急处置能力。

1.1 万立方米黄桷堡事故池

抓“软件”　强化沿江罐区风险日常管控

领导承包风险，强化沿江罐区环境风险管控。公司“一把手”任风险管控负责人，公司领导深入现场检查沿江罐区环境风险日常管控情况。销售中心作为物流业务管理部门，会同安全环保、设备工程、生产运行等部门，按专业分工落实沿江罐区环境风险管控。罐区将物流业务的承运商纳入公司承包商管理范畴，严格监督其落实生产运行、设施维护、日常巡检、隐患排查、应急预案和演练等防控措施。

增强产销协同，降低泄漏环境风险。为降低生产运行过程中的泄漏环境风险，控制事故发生后的影响，通过每月产销联席会议，将产品销售与生产计划统筹谋划，准确排产，精准管控沿江罐区物料出入库，合理调整销售节奏，将沿江罐区物料充装量控制在 40% 以下，减少事故发生时可能泄漏的最大物料量，降低了泄漏环境风险当量，为环境风险管控提供了坚实的基础。

加强安全环保设施维护，确保完好投运。铁路罐区和江边罐区设置固定式视频监控共 37 个，可燃有毒气体报警仪 63 台，装车站场设置远程控制阀 19 组、紧急停车按钮 9 个、防溢流联锁 15 套。通过现场视频监控和远程自动控制系统，确保事故初期能够及时发现和处置。将铁路罐区污水事故池及污水转输系统、罐区雨污切换阀和拦截阀纳入日常巡检；为铁路罐区现场专门设置应急物资库房，配置了应急泵、应急沙袋等应急物资；对铁路罐区 11 座储罐紧急切断阀实施自动化改造。

1.4 万立方米江边南罐区事故池

1.38 万立方米铁路罐区事故池

做好环境应急培训和演练，提高应急处置能力。编制沿江罐区“一源一案”、岗位应急处置卡，定期对现场操作人员进行环境应急培训和演练；实施安全、环保一体化管理模式，提升员工应急处理能力，确保事故状态下的有效处置。

环保监控地图 让管理驶入“快车道”

（天津石化）

天津石化于2018年创新引入“环保监控地图”，利用在线设备对污染源、空气质量等监控数据进行集成整合，实现了环保管理全员、全过程、全天候、全方位的动态监控和处置联动。

优化资源 环保信息智慧化管理驶上“快车道”

“环保监控地图”共集成了环保管理信息系统、实时数据库、LIMS系统、视频监控系统、空气质量监控平台等五个平行系统。利用GIS平台，将信息系统的结果集成汇总，分门别类在“一张图”上集中展示，分为污染源、废水、废气、危废、厂界噪声、空气质量、VOCs、污水管网、环境风险和土壤地下水等共10个环保重点监控模块。系统支持电脑端和手机端在线同步查询，设置预警、报警功能，通过短信推送到基层和公司各层级管理人员，警示相关人员立即调整工艺操作。编制操作手册，制定管理办法，明确各单位在系统运维保障中的职责和分工，规范系统异常状况下联动处置程序，利用微信、石化通等信息平台，畅通交流解决办法。

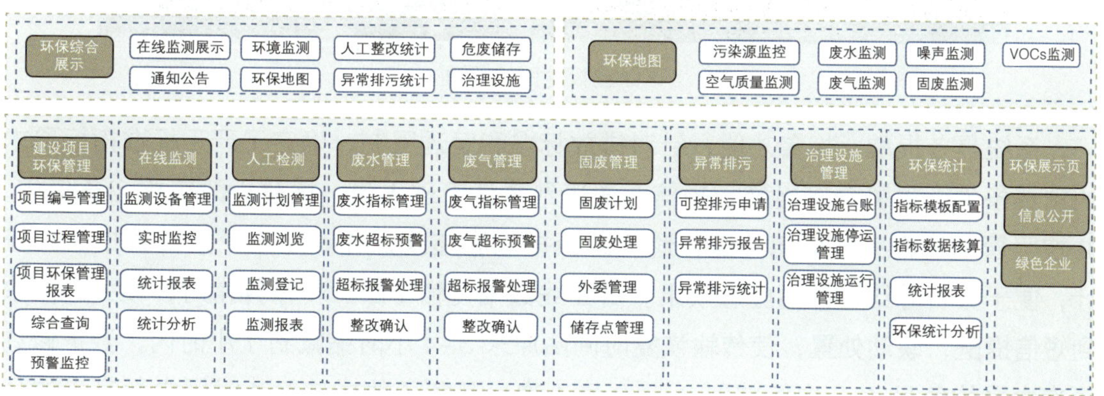

环保信息系统功能模块

消除监管盲区　构建预测预警体系

完成 80 余套在线监测设备、140 余个人工监测、20 余个视频监控的数据集成，实现对国（市）控源、VOCs 排放源、环境空气质量、污水分级控制、厂界噪声、土壤及地下水、危废存储等动态信息的集中展示和穿透查询，达到了对污染源全方位、无死角的监控目的。

以炼化外排污水为例，监控地图可同时展示该点位 COD、氨氮、总氮、总磷在线瞬时数据、小时平均数据、日均数据和人工监测对比数据以及历史数据，可视频观测到排放状态和水质外观。达标排放时，该点位图标为绿色；任何污染物排放浓度超过预警值，为棕黄色；超标为红色；数据传输中断，则显示为蓝色。

环保监控地图主页面

系统具备提醒、报警功能，针对排放标准和管理限制，确定了严于标准指标要求的预警条件。预警会发出警示短信，送达到责任管理人员，提醒立即实施应急措施，并按照管理流程完成应急处置，避免超标排放和违规操作。设立了报警数据历史统计，便于分析总结，评估应急效果。当在线数据传输中断、传输异常时，相关部门收到短信提醒，联动处置，使传输恢复时间由原来 3~4 小时缩减到 1 小时内，数据修约频次由平均每月 4~5 次缩减到 2~3 个月 1 次，避免了数据传输长时间中断带来的环保风险。

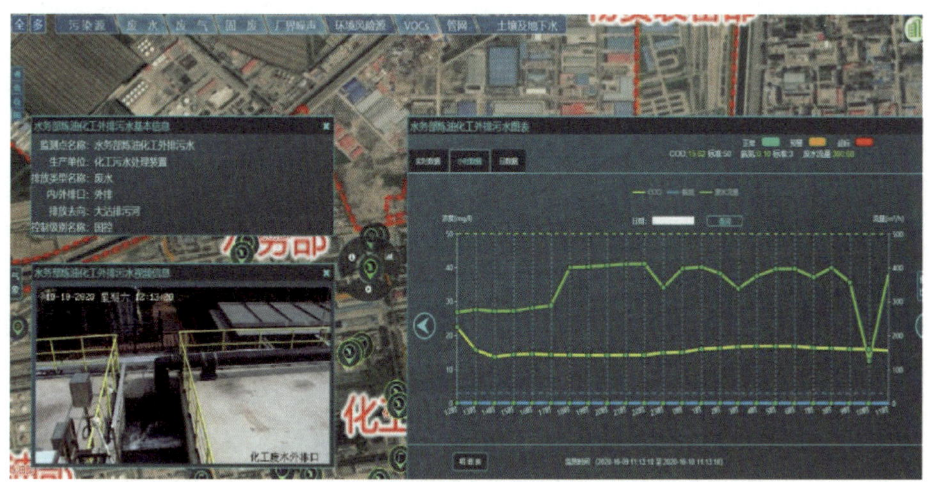

炼化外排污水监控点展示信息

提升工作效率　扩大使用范围

“环保监控地图”投入使用两年来，已经成为环保、生产、设备、化验、督查等专业以及基层车间管理人员日常开展污染监控的常规手段。改变了以往数据信息查询多系统切换、数据来源不统一的“模糊查询”模式，简化了查询流程，避免了数据错误，做到了“一图在手，应有尽有”，有效提升了工作效率。

环保地图的信息化建设及数字化应用，把环保管理人员从分散的、大量的监控点位中解放出来，既提高了劳动效率，也保证了数据的可靠性、真实性，实现了对污染源全天候、全方位、无死角的智能监控，环保管理逐渐从末端治理向源头防治转变，从事后整改向超前预防转变，从被动应对向主动谋划转变。

拆油站控风险 保护母亲河

（安徽石油）

安徽石油强化长江岸线、饮用水源地保护，完成饮用水源地保护区、自然保护区内的油库、加油站退出和迁建工作，确保长江之水长流长净。

芜湖公司 迁建油库码头保饮用水源

芜湖油库临江而建，与长江仅一堤之隔，总库容量 50000 立方米，可储存成品油 4.7 万吨，占地 3000 平方米，码头下游距芜湖杨家门水厂取水口约 200 米，该取水口承担芜湖老城区 60% 居民的用水。

2017 年 4 月芜湖油库码头关停

一个是保障地方 60% 老城区居民用水，一个是保障 60% 的油品市场供应，改取水口还是搬码头和油库，成了两难的问题。从投入角度考虑，将取水口搬移是最好的方案。芜湖市前期拟定搬迁取水口，然而经实地考察和专家论证，因地质和航道等原因，取水口下移无法实现。为保障饮用水源地，最终的方案是停用芜湖公司油库码头。

芜湖油库以壮士断腕的勇气、环保至上的意识，于 2017 年 4 月 23 日对码头沿江两根 600 余米长的汽油、柴油管线进行拆除，10 月对码头栈桥、管线支架等附属设施进行全部拆除，最终还芜湖百姓生活饮用“放心水”。

滁州公司 关停退出加油站保水源安全

明光燕子湾水库和全椒黄栗树水库作为重要的城市供水水源地，已被划入安徽省生态保护红线。滁州石油分公司积极响应环保要求，分别于 2018 年 5 月和 7 月将位于生态红线内的明光燕子湾加油站、全椒周岗加油站关闭退出，为保障滁州市的饮水安全，维护人民群众的生命健康和构建社会主义生态文明和谐社会做出了石化人的一份贡献。

明光燕子湾加油站地址

铜陵公司　码头加油站退出保护区

铜陵公司油库码头、大通水上加油站位于淡水豚国家级自然保护区的实验区，且铜陵油库码头位于铜陵市三水厂水源二级保护区内。安徽公司成立专项工作组，明确职责、合力推进，及时制定码头处置计划，按照时间节点认真落实整改，铜陵油库码头于 2018 年 5 月 17 日关闭停用，码头趸船于 11 月 6 日拆除；铜陵大通水上加油站于 2019 年 5 月 28 日完成拆移。

铜陵油库码头 2018 年 11 月拆除离岸

安庆公司　水上加油站迁移守护江豚

安庆公司杨家套水上加油站位于安庆市江豚自然保护区内，安庆公司提前谋划，2018 年 11 月 15 日，杨家套水上加油站断开栈桥，趸船起航驶向新锚区。

安庆杨家套水上加油站向新址迁移

江岸多重防护 呵护碧水东流

（金陵石化）

身在长江边，呵护母亲河，长江岸线不仅是一条“黄金通道”，也是风险防控的关键区域。作为中国石化第三大原油加工基地和亚洲最大的洗涤剂原料生产基地，金陵石化全力做好长江水体风险防控工作，按照“远看有型、近观有景、四季有彩”的目标，打造出岸线绿色生态风光带，更打造出长江水体安全环保的稳固屏障。近10年来，原油加工量增加了42%，主要污染物排放减少了90%左右。

长江沿岸绿化

近年来，金陵石化累计投入30亿元，实施了80余项环保治理和提标改造项目，各项环保指标实现了质的提升，部分达到世界先进水平，形成了炼化生产环保控制和岸边多重防护的长江水体保护新格局，为构建世界领先炼化企业打好了基础。

加强码头作业风险管控 不让污水流入长江

金陵石化针对水体溢油风险，投资6000万元完善码头作业水体风险防控措施：在趸船作业区域设置钢制围堰，趸船舱内设收集管、回收舱；将栈桥部分过滤器、流量计及前后阀门移位上岸，管线之间全用焊接连接，连接金属软管设泄漏物收集设施，沿岸部分沿江设防渗墙，墙内设快速切断阀组和计量仪表及控制系统平台；所有管线下设水泥防渗地面，周边设有围堰、中间设收集沟与收集池联通；对唯一的固定码头增加污水收集舱，使其具备污染物接收和转输能力，确保污染雨水、码头作业污水及时被收储。

码头库区

投资 8000 万元，新建沿江码头排口废水提升池和集中提升泵，将码头区域的雨水输送至炼油区域排水系统，把该区域雨水全部纳入环保在线监测管理，投资近亿元建成炼油区域双回路供电、事故废水向原油罐区转输系统等项目，使事故废水“防得了、守得住、关得死”。环保应急物资库实施标准化管理，定期组织水体风险专项预案演练，提高恶劣天气尤其是汛期的水体污染环境事件应对能力。

应收尽收　解决船舶生活污水和垃圾处理难题

金陵石化从 2019 年 10 月 11 日起，按照“应收尽收、应建尽建、应管尽管、应免尽免”的“四应四尽”原则，采取“先接收后作业”“无需要零申报”的做法，对靠泊作业内河船舶实行生活垃圾和生活污水免费接收处置；新建船舶生活污水接收设施，按照标准法兰型号制作 10 套标准接头供作业内河船舶生活污水接收使用；所有码头趸船船舶生活污水接收管线前端增设流量计，并在码头泊位装卸作业点安装应急隔膜泵；建立“线上申报—码头审

生活污水处理设施

批—现场接收—确认登记”的船舶污染物接收作业流程；主动将接受船舶垃圾纳入港口服务内容，并落实好垃圾分类、存放转移等各项措施，解决船舶垃圾处置难题，有效降低了船舶污染物污染长江的风险。

为减少周边生活区生活污水对长江滨江河的污染风险，金陵石化投资新建 4 座生活区污水集中提升设施，将生活污水集中提升至城镇污水处理场，降低了区域水体污染风险。

健全水体风险防控责任　不让管理区域有任何漏洞

为做好长江水体防护，金陵石化制定了一系列生产管理、安全环保管控制度，建立“装置级—运行部级—公司级”三级水体防控责任体系，构建保护人员网络，明确责任区域，细分落实八大防控单元，完善区域事故废水收集和转输设施。在生产区域，各个生产单元层层设防、责任到人，实现“雨污分流、污污分治”，事故情况下的污水实现规范收集输送与处理。

柴油泄漏？分秒必争！“区域大联动”环境应急演练实录

（湖北石油）

湖北黄石西塞山油库是长江黄金水道上一座重要的成品油中转枢纽。一旦发生漏油事故，会殃及长江安危。为提升溢油应急能力，筑牢长江大保护防线，湖北石油在自身应急演练的基础上，定期联合政府相关部门组织区域应急演练。

2019年6月的一场事故处置应急演练，充分展现了区域环境应急大联动的作用。

柴油泄漏　迅速反应

2019年6月25日上午，1号码头正在紧张接卸0号柴油。10时左右，总控室传来指令：“1号码头柴油流量计流速异常，请迅速查明原因！”趸船班长立即排查，发现甲板上柴油阀门与金属软管连接法兰处正在溢油。他立即示意油船停泵，指挥员工关闭软管阀门、封堵围堰缺口、调整围油栏，并关闭码头紧急切断阀，切断油船电源。油库主任通过广播向全库员工发出号令：“各小组注意，1号码头油品泄漏，启动应急预案，总控室立即报警！”此时，距出现险情仅3分钟。

油库应急救援队率先投入战斗：拉警戒带，设置隔离区；用灭火毯覆盖油罐顶量油口、呼吸阀；回收甲板围堰内油品；排查岸线油污；搭建临时储油囊，投放收油机、连通管线，回收江面浮油。

联合响应　火速增援

抢险有条不紊地进行，浮油慢慢减少。正在此时，江面大风突起，围油栏不断翻腾，部分浮油向外围江面扩散……“报告，层台处有人晕倒！”“救护组马上抢救伤员！”险情急速升级。

10时05分，黄石石油公司经理接到油库报告后，立即启动公司级应急响应，与分管副经理同时赶赴现场，并向当地相关部门和湖北石油公司报告请求支援。

随后，湖北石油、集团公司先后启动相应级别应急响应。湖北石油公司总经理负责成立临时指挥中心，分管副总经理赶赴现场。集团公司分管领导指示销售事业部指导应急处置，能环部协调区域兄弟公司给予协助，指示湖北石油积极配合地方，避免事态扩大；要求关注事故现场的安全问题，避免次生火灾爆炸事故。

油库救援

10 时 35 分，相关专家现场研判后，认为如溢油继续向围油栏外扩散，将直接威胁下游阳新县饮用水水源地安全，遂向市政府报告。市政府研判决定按规定程序启动突发环境事件应急预案 Ⅲ 级响应，成立应急指挥部，各成员单位迅速组织增援。

统一指挥　跨区作战

11 时 30 分，在了解相关情况后，指挥部下达跨区协同作战方案：华中公司在下游 12 千米、区县交界处增设围油栏，派无人机实时监控油污动向；管道公司在取水口上游 2 千米增设 2 道围油栏，引导油污绕过取水口范围，在取水口下游 10 千米处增设 1 道围油栏，回收所有绕过取水口油污；湖北黄冈石油、水上分公司组织力量在下游水域江面巡回监测。

制定 4 道围堵监控方案

11 时 40 分左右，环境监测组使用监测车、快艇、无人机等，分别对事发水域及上游 500 米、下游跨县级行政区域界面、水厂取水口上游 1 千米处共 4 个断面，各选取 3 个监测点取样检测。各协作单位在下游江边紧张实施围油栏布设回收和江面巡回监测工作。

经过 1 个多小时紧张作战，现场抢险任务顺利完成。环境监测组报告：包括水厂取水口在内，所有取样水质检测达标；事发区域大气非甲烷总烃检测达标。专家组宣布：Ⅲ级响应结束！在企地救援力量共同努力下，水上溢油险情成功解除。

管道公司展开取水口上下游围挡

针对网络上少数的不实信息，按照“及时、公开、透明”的舆论引导原则，应急指挥中心一方面通过官方微博等渠道，及时发布事故进展、环境影响等信息辟谣，通过权威专家进行澄清，稳定民众情绪；另一方面，配合政府联合召开新闻发布会，及时回应社会及媒体关切的问题，阶段性通报事件情况。

本次联合演练包括企地各级单位在内，共投入近 200 人、13 艘船只、3 台警车、2 台救护车、2 台消防车参演，北京、武汉、徐州及现场 4 地实时视频直播，全程环环紧扣，极具实战性。

第九章

绿色文化实践

绿色文化建设是中国石化企业文化建设的重要组成部分，在持续做好宣传教育培训的基础上，中国石化秉承“开门开放办企业”，促进企业和社区和谐发展，进一步打造中国石化绿色品牌。

要大力倡导绿色低碳的生产生活方式。

良好生态环境是最公平的公共产品，是最普惠的民生福祉。

从共建到共享 实现“油地一家亲”

（中原油田）

中原油田作为中国石化公众开放日示范单位之一，坚持以开放的心态迎接公众“检阅”。自2016年以来，积极开展科普“工业游”、绿色“企业游”、智慧“线上游”，东濮、普光、内蒙古三大基地全面对外开放，主动邀请社会公众走进油田、了解油田、宣传油田，加强文化对话，增进理解信任，截至2020年年底，累计举办公众开放日线下活动58期，迎接外国友人、媒体记者、行业专家、周边居民等社会公众3248人次，举办线上活动5期，累计120余万人次在线观看，展示了中国石化自信、开放、智慧、绿色、友善的良好形象。

内蒙古探区井场

一主一核两辅“2+X”模式

建立“一主一核两辅”开放模式，以“智慧课堂”为石油科普主阵地，以数字化油田参观为核心，增设安全环保、科技创新参观“景点”。采取“2+X”路线，建立两条标准路线和多个备选参观点，根据公众需求“分众化”安排参观行程，提高公众开放日活动的针对性和实效性。

建立公众开放日讲解员、引导员队伍，开展全方位业务培训，提升服务质量和水平。整合内外部媒体资源，开通网上和微信公众号平台，线上线下同步传播，进一步扩大影响力和知名度。

从“线下”到“线上”

中原油田探索多种形式的开门开放平台，现场云端同步体验。以每月至少一期的频次，组织开展公众开放日活动，通过现场看、听、闻、摸，让公众零距离感受“每一滴油都是承诺”，进一步化解分歧、加深理解、形成共识。借助名人效应，每期邀请1~3名具有较强知名度、影响力、号召力的“本土明星”，参加公众开放日活动。精心设计互动游戏，培育“明星”讲解员，开展“大咖座谈会”，为社会公众与公众人物交流互动创造条件。

突出发现中原、科技中原、奋进中原“三个主题”，按照“点面结合、循序渐进”的思路，统筹油田直播资源，做好“云开放”活动主题、路线、亮点策划，确保云直播吸引力，全面展示了油田在安全绿色发展、服务社会民生、助力地方经济等方面的显著成效。

“油迪”机器人进校园

普光气田“云开放”活动

从“共建”到“共享”

将企业产品营销与公众开放日活动相结合，大力宣传“卓玛泉”矿泉水、中原油田“龙乡源”系列饮用水等产品，在潜移默化中加深公众对石化产品的印象。将“中原普光”“中原气服”“中原服务”三大品牌的价值理念、人才优势、技术优势等元素导入公众开放日活动，主动邀请外部合作企业、有实力的公司到油田参观交流，为增进信任、打开市场夯实合作基础。

中学生参观发现井

积极践行以人民为中心的发展思想，大力实施素质、环境、平安、繁荣、阳光、温暖“六大工程”，吸引油城百姓广泛参与，形成关系共同体，共享国企改革发展成果。大力实施文化走基层活动，定期举办室外音乐会、公益电影日、千人广场舞等开放式文化体育项目，丰富了居民群众精神文化生活。建立油地高层联席会议，推进油地资源共享，参与黄河滩区扶贫开发行动，“油地一家人、油地一家亲”“服务油田、支持油田、反哺油田”的思想赢得了地方百姓共识。

“中原铁军”让公众服下一颗定心丸

（中原石油工程公司）

多年来，具有“中原铁军”名号的中原石油工程公司持续举办公众开放日活动，邀请社会各界代表走进生产现场，了解中原石油工程公司在绿色环保方面做出的努力，让公众服下一颗颗“定心丸”。

开放日参观油田

看不到污水的井场

2010 年 11 月 4 日，中原石油工程公司在威页 24 平台，邀请威远县环保局和向义镇地方政府以及各村社代表走进 70332 钻井队施工现场。

一项项保护地表水源的环保举措让社会各界代表对中原石油工程公司发出由衷赞叹：钻井队在油罐、灰罐、泥浆循环罐和机房等重要设备安放处修筑围堰，修建内外两道分流沟，分隔清水与污水；统一协调相邻平台的井队错开开次，将老泥浆作为储备重浆，重复使用，减少泥浆的配制数量，使用封闭钻井液循环系统对泥浆进行处理，将存在污染风险的泥浆从源头上“锁”进装置，确保“泥浆不落地”；按照政策法规要求将这些废弃物进行无害化处置。

听不到噪声的井队

提起钻井，很多人的印象仍停留在“钻机轰鸣”的阶段，但在 70332 钻井队施工现场，已经采用了网电钻机，比柴油机噪声低 50%。

圆桌对话会议释疑解惑

体验清洁能源的智慧课堂

2019 年 4 月 22 日，时值第 50 个世界地球日，中原石油工程公司以“走进智慧气田，探秘智慧能源”为主题，在元坝 8 井举办公众开放日。邀请中国石化勘探分公司和四川省广元市、苍溪县社会公众人物、地方新闻媒体、中小学生代表等 30 余人走进 90109ZY 钻井队施工现场。

通过智慧课堂体验，参观人员对天然气能源与社会进步、人们日常生活的关系有了系统深入的了解，看到了中原石油工程公司践行“奉献清洁能源、践行绿色发展”理念，认真履行央企社会责任的各类举措。

参观 90109 ZY 钻井队

向学生讲解油田知识

探秘“绿色智能” 传播石化正能量

（九江石化）

九江石化始终坚持“开门开放办企业”，以“绿色智能”为主旨，围绕“拓展内涵、展示亮点、彰显文化、树立形象”，坚持每月组织一次“公众开放日”活动，有效传播石化正能量。

公众开放日活动

一个主题

九江石化把“探秘智慧能源”作为开门开放办企业的主题，让社会公众实地感受先进的工艺技术装备、高端智能的管控系统、良好的环保指标、靓丽的厂区环境、规范的道路等基础设施，了解石化企业践行绿色低碳、建设智能工厂的做法成效和责任担当。

两个结合

定期组织活动与临时接待来访相结合。在每月定期组织“公众开放日”活动的基础上，结合企业各专业板块日常工作，将临时来访交流等活动纳入开门开放办企业范畴，统筹接待参观交流。

对内提升管理和对外塑造形象相结合。对内，强化环境面貌管理，做到厂区、社区环境优美，让九江石化每一处都成为风景；加大员工培训力度，促进行为规范，提升素质能力，使每一位员工都成为卓越实践的讲解员、传播者；借力公众监督，不断改进工作、改善管理、提升水平。对外，加强与社会媒体沟通，策划大型媒体采访活动，邀请主流媒体记者走进石化、感受石化，树立履行经济责任、政治责任和社会责任的良好形象。

三大品牌

通过制作文化产品、设计精品路线、展示卓越业绩等方式，着力在绿色低碳、智能工厂、社会责任方面形成三大品牌。制作文化产品，总结、固化经验，挖掘典型人物和故事，制作彰显企业文化的宣传品；设计精品路线，按照“点线面”兼顾，“定点参观”“车游”相结合的思路，合理设计不同对象、不同层次社会公众参观考察路线和环节，精准、高效、广泛接待各方公众；展示卓越业绩，以展示厅为展示基地，逐年丰富完善厂情、厂史以及发展建设辉煌业绩的展示内容；以智能生产控制中心、油品质量分析中心、污水处理场、现代化智能仓储、码头绿色长江岸线为主要参观考察基地，让公众直观了解企业历史、生产和安全环保管理过程。

四个环节

走好流程，按照“中国石化公众开放日”活动要求，深化开门开放办企业，通过线上报名和线下邀约相结合的形式，组织开放活动；彰显大开放理念，构建大开放格局，突出绿色、智能、社会责任特色；固化标准，制定《开门开放办企业管理办法》，制度化、规范化坚持开门开放办企业；务求实效，加强兼职讲解员队伍建设，每季度举办一期兼职讲解员培训班，提高讲解人员知识水平和讲解技能。组织劳动竞赛，每季度组织“公众开放日”活动评比，每年组织最佳讲解员评选。加强活动宣传，充分发挥官方微信的传播作用，推广网络报名平台。

五个形象

宣讲、传播“安全第一，生命至上”的行动理念与准则，展示平安炼厂形象；宣讲、传播“环保优先，全员参与，自我加压，勇创一流”的理念，展示绿色炼厂形象；宣讲、传播《中国制造 2025》要求，积极推进智能制造、绿色制造，展示智能炼厂形象；宣讲、传播践行社会责任，开展扶贫帮困，热心公益，改善社区及周边生活环境，造福乡邻等实践与成绩，展示尽责炼厂形象；宣讲、传播开门开放办企业，主动接受社会监督，实现企业与城市、与社会、与公众和谐共融的实践与成绩，展示开放炼厂形象。

九江石化厂区

破解谈“化”色变有妙招

（金陵石化）

随着城市化进程的加快，原本远在南京市郊区的金陵石化，已逐渐被居民区所包围。近年来，金陵石化坚持从老百姓最为关心的环保治理和环境整治入手，主动融入地方发展，积极履行社会责任，全力打造绿色企业和花园工厂，并通过持续推进公众开放活动，加大了与社会公众的沟通，为企业生存发展营造了较好的外部氛围。

绿色厂区

在“做”上下功夫

金陵石化将更高的管控标准、更严的审批政策、更广的产业整治作为企业提升安全环保工作水平的标尺和机遇，做细环保管理、做美企业环境，增强企业对外开放的底气。

作为苏南地区成品油主力生产企业，金陵石化主动对接省市“蓝天”工程，相继提前完成国Ⅲ～国Ⅵ汽柴油升级换代任务，每年减少汽车向大气排放二氧化硫两万多吨。获得全国绿化模范单位、江苏省VOCs治理示范企业等称号。

以“改善厂容厂貌，打造美丽金陵，树立良好形象”为目标，实施区域环境整治攻坚战，美化建筑物、道路，改造区域环境，“大绿坡”成为金陵石化的形象代言，生产、生活、交通、卫生等区域面貌实现根本改善，得到来访社会公众和周边居民的称赞。

在“说”上做文章

“酒香也怕巷子深”，为了赢得理解，企业需要主动发声引导舆论，真诚回应社会公众的关切。不怕揭丑、敢于亮剑，设立 24 小时环保举报电话，主动接受员工及周边公众的监督，并对举报属实者给予奖励。

在油品质量升级过程中，以宣传大气污染防治法为切入点，制作科普宣传视频片，在城市公交上反复播放；与兄弟企业联手组织开展“3·15”质量行活动，主动邀请媒体和公务人员走进生产和销售环节座谈交流；制作脱硫脱硝科普宣传片，通过官方微博微信、地方电视台广泛传播。从 2013 年开始，坚持每年发布社会责任报告，邀请媒体、高校师生、社会公众代表参加发布会。

2020 年，创新开展“云发布”，公司主要领导通过直播镜头向 222 万网友介绍了公司履行社会责任情况；制作的成品油科普短视频在中国石化官方抖音播发后，观看量达 3000 余万，留言 5.8 万条，及时回应了社会公众对国内成品油品质的疑惑。金陵石化绿色高质量发展案例成为入选扬子江生态文明创新中心绿色发展展厅的唯一企业代表，有效提升了金陵石化企业形象和社会美誉度。

“我在练习说”

在“看”上求突破

百闻不如一见。2012 年开始，金陵石化主动邀请政府人员、人大代表、政协委员、媒体记者、周边居民、在校师生等各类群体，走进公司参观体验，科普石化知识，亲身体验绿色石化、环保产品、先进科技，潜移默化增强公众认可度。

以探秘智慧能源为主题，每月组织“公众开放日”活动，通过网上报名、线下邀约，扩大社会公众参与度；定期收集分析社会公众关注的话题，优化参观体验路线，突出责任、绿色、环保、节能、智能等元素，精心打造参观体验项目；针对社会公众关注度较高的废水、废气处理问题，专题安排尾气回收、污水深度回用等环保装置参观点，让来访者亲身体验公司的环保治理水平和成效。

“南京日报百名小记者走进绿色石化”活动

“云开放”

金陵石化连续 8 年举办“南京日报百名小记者走进绿色石化”活动，并通过公开征文评比扩大影响力；在公司建立了清华大学、南京大学等 10 所高校的社会实践基地，累计接待大学生参观实践 82 批次、3100 多人次。

金陵石化公众开放日活动展示了企业良好形象，赢得了社会好评，已累计接待社会各界人士参观活动 314 批、10106 人次，被评为南京市优秀企业文化案例。

六位一体　推进绿色文化建设

（齐鲁石化）

齐鲁石化在生态文明建设的道路上不忘初心，牢记使命，为塑造绿色、环保、文明的企业形象不断努力，着力打造“顶层设计、思想引领、氛围营造、舆论先行、机制推动、企地共融”六位一体的绿色文化体系，绿色发展理念逐步深入人心。

做好顶层设计

把绿色文化建设纳入企业文化建设总体规划中，按照“建设绿色文化、完善安全文化、提炼健康文化”的总体思路，明确了绿色文化建设的重点内容：思想引领、理念宣贯、舆论引导、体系建设、技能提升、环境改善、信息公开、社会责任、长效机制。制定发布了《齐鲁石化绿色文化建设方案》三年规划、《2020 年绿色文化建设年度工作计划》等整体方案，并按计划推进。

强化思想引领

围绕生态文明建设，讲述“两山理论”故事。发掘身边典型案例，如“一滴污水的旅行”“厂里来了小松鼠”等小故事，推进习近平生态文明思想大众化、到基层、进班组。以“践行生态文明建设思想，实施绿色企业行动计划”为主题，举办绿色文化建设有奖征文以及网络知识有奖答题活动，增强学习的趣味性和实效性。

持续营造氛围

综合运用各类宣传阵地营造绿色文化氛围，用好“文明小广场”平台，做好绿

色企业行动宣传。组织举办“践行企业精神新时代新内涵”文明小广场文化演出，通过“齐鲁故事”展示绿色发展成果，传播绿色发展理念。

在横贯、纵贯公司的两条交通主干道上打造13千米长的绿色文化大道，作为对外展示的载体，宣传生态文明思想和绿色文化理念，树立企业良好形象，促进企地融合。运用抖音平台，联合新华网、中新社、网易、大众网、鲁中网、齐鲁壹点、微信直播间七大媒体同步直播，观看总量达55.5万人，抖音平台首次直播超过了99%的同级别主播。

完善推动机制

成立绿色文化建设领导小组，对公司绿色文化建设进行统一管理，企业文化部牵头组织，各部门、各单位协同落实，以核心价值理念指导制度建设，修订完善体现文化导向，覆盖全面、流程清晰的制度体系，确保理念与制度协同一致、相辅相成。将考核评价和激励机制纳入公司整体考核体系。通过“问题整改提醒通知单”的形式，对各类检查中发现的问题及时提醒，明确整改标准、时限，并跟踪检查，确保问题整改到位。

实现企地共融

充分运用公众开放日、文明小广场等载体，对外展示央企形象。打造了“一滴污水的旅行”“乌金变身记”“工厂变花园”“走进科技之光”等开放日站点，开展了“红色传承·绿色发展”文明小广场文化演出系列活动。

共举办大型公众开放日活动73期，邀请地方公务员、媒体记者、高校毕业生、中小学生及社区居民等5000余人参加，让社会公众深入了解齐鲁石化的发展史，展示了齐鲁石化在绿色发展中取得的成果，促进了企地共融。

展　望

中国石化将立足新发展阶段，贯彻新发展理念，融入新发展格局，加快构建“一基两翼三新”产业格局，持续提升能源资源利用效率，不断减少污染物和温室气体排放量，引领行业绿色发展，助力我国生态环境根本好转和美丽中国目标实现。

生态环境保护，是功在当代、利在千秋的事业。

奋斗来时路 启航新征程

回眸“十三五”，中国石化积极践行习近平生态文明思想，贯彻新发展理念，坚持高质量发展，坚定走绿色低碳可持续发展道路，在能源资源高效利用、污染防治攻坚战、生态环境保护、温室气体减排等方面取得了卓越成效，为守护绿水青山做出应有的贡献。

扬帆“十四五”，我国已开启全面建设社会主义现代化国家新征程，促进经济社会发展全面绿色转型已成为时代的主旋律和最强音，中国石化将立足新发展阶段、贯彻新发展理念、构建新发展格局，秉持“以创新和责任专注于能源化工可持续发展，共创共享美好生活”的品牌主张，深入实施绿色洁净发展战略，加快构建“一基两翼三新”产业格局，持续提高能源资源利用效率，不断减少污染物和温室气体排放量，向世界领先洁净能源化工公司昂扬奋进，助力我国生态文明建设迈上新台阶。

持续引领行业能效发展水平

中国石化着力建设能效对标体系，进一步挖掘装置能效优化潜力，打造能效样板工程；深入推进“能效提升”计划，加快先进技术推广应用，实施能量系统优化、能源梯级利用等工程；积极响应国家节水行动，大力推进节水工作，开展水资源优化工程，拓展非常规水资源利用渠道，提高污水回用率，减少新鲜水资源使用，不断提高资源能源利用效率，持续保持能效行业领先。“十四五”，万元产值综合能耗、工业取水量均比 2020 年下降 5% 以上。

谱写生态环境保护新篇章

严守生态保护红线，着力开展生态保护修复。持续开展清洁生产，实现企业本质节能环保；进一步深入提标治理废气、废水，采取更加强有力的措施协同防治 VOCs 和臭氧、大气污染物和温室气体；全面实施固废减量化、资源化、无害化，加快打造“无废集团”“无废工厂”；持续降低污染物排放总量、浓度，全面完成污染防治攻坚战任务；深入开展环境风险管控和隐患排查整治，有效防控突发环境事件。在我国环境治理体系与治理能力现代化的格局中发挥积极作用，再创环保新业绩。“十四五”，废水排放量比 2020 年降低 5% 以上，二氧化硫、氮氧化物排放总量比 2020 年降低 8% 以上，化学需氧量、氨氮排放总量比 2020 年降低 8% 以上，VOCs 排放总量比 2020 年降低 10% 以上，固体废物综合利用率≥ 50%。

争当绿色洁净排头兵

围绕国家碳达峰和碳中和战略目标及总体任务，推进产业结构调整，推进绿色洁净战略；加快氢能、太阳能、风能、地热能等新能源的应用，扩大新能源替代规模；加大二氧化碳回收利用力度，打造百万吨级 CCUS 全链条工程示范，推进甲烷放空排放管控。“十四五”，万元产值温室气体排放量比 2020 年下降 5%，甲烷排放强度比 2020 年下降 50%。以净零排放为终极目标，积极发展国际交流与合作，为中国参与全球气候治理提供企业实践。

展望 2025 年，中国石化将迈进高质量发展阶段，成为行业绿色发展引领者；远眺 2035 年，中国石化绿色发展达到世界领先水平，为美丽中国目标基本实现注入强大石化力量。

蓝图已经绘就，号角催人奋进！中国石化将以永不懈怠的精神状态和一往无前的奋斗姿态，乘势而上、砥砺前行，驰而不息、久久为功，守好绿水、护好青山，为中国共产党百年华诞献礼，为“十四五”规划开好局起好步，努力为把我国建设成为富强民主文明和谐美丽的社会主义现代化强国再立新功。